Collana del Centro Romano di Studi sull'Ebraismo (CeRSE)

Università degli Studi di Roma "Tor Vergata"

4

Cinema e Post-Shoah

Stati Uniti, Europa e Israele

a cura di
Claudia Gina Hassan e Giovanni Spagnoletti

viella

Prima edizione: febbraio 2025
ISBN 979-12-5469-758-0

Volume pubblicato con il contributo dell'Università degli Studi di Roma "Tor Vergata", Dipartimento Storia, Patrimonio culturale, Formazione e Società.

In copertina: Immagine tratta da un manifesto di *Shoah*, regia di Claude Lanzmann (1985)

CINEMA
e Post-Shoah : Stati Uniti, Europa e Israele / a cura di Claudia Gina Hassan e Giovanni Spagnoletti. - Roma : Viella, 2025. - 118 p. ; 24 cm. - (Collana del Centro romano di studi sull'ebraismo : CeRSE / Università degli studi di Roma Tor Vergata ; 4)
Testi in italiano o francese.
Indice dei nomi: p. [111]-116.
ISBN 979-12-5469-758-0
1. Cinema - Temi [:] Sterminio [degli] Ebrei 1. Hassan, Claudia Gina II. Spagnoletti, Giovanni III. Centro romano di studi sull'ebraismo
791.43658 (DDC WebDewey) Scheda bibliografica: Biblioteca Fondazione Bruno Kessler

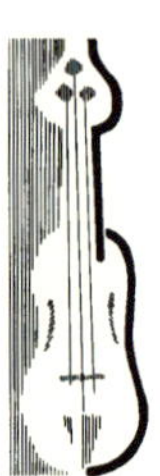

viella
libreria editrice
via delle Alpi 32
I-00198 ROMA
tel. 06 84 17 75 8
fax 06 85 35 39 60
www.viella.it

Indice

Claudia Gina Hassan

Introduzione. Cinema e Post-Shoah

Incontrare la Shoah nel cinema non è più una rivelazione, un'epifania negativa.[1] Non segna un prima e un dopo, qualcosa è cambiato in un magma fatto di svuotamento, trivializzazione e feticizzazione. La domanda sottesa e ineludibile in un libro che vuole fare il punto sul rapporto tra cinema e Post-Shoah è sugli anfratti della memoria, sulle implicazioni delle sue politiche al di là e oltre le rappresentazioni artistiche e sociali. A che punto siamo? Dove ci collochiamo noi oggi tra l'indifferenza, il silenzio del dopoguerra e la ridondanza della memoria della Shoah degli anni passati? Ma soprattutto cosa è rimasto della memoria su cui l'Europa ha costruito sé stessa e la propria storia? Una memoria universalistica e condivisa che guardava al futuro dell'Europa senza guerre e senza orrori, terreno comune su cui ricostruire a partire dalle macerie di quel presente.[2] Era un'Europa che non poteva dare per scontata, come hanno fatto le generazioni successive, la salute delle democrazie.

Era un impegno rivolto a creare coesione sociale e memoria collettiva e intendeva fondarsi non su un generico sapere, ma sul mutamento che la conoscenza avrebbe potuto innestare sulle mentalità, sui modi di essere, sulle esperienze collettive e, anche e soprattutto, sulle capacità di empatia e compassione con le vittime di ieri e di oggi. Tuttavia la trasmissione sociale di eventi traumatici dura fino a quando la sua funzione rimane collettiva e si trasforma con il cambiamento della realtà storica, politica e valoriale.[3] Anche il silenzio imperante nel dopoguerra ha avuto un suo ruolo sociale. La funzione sociale della memoria rimane fino a quando conserva vitalità e forza. Oggi l'asse di quella memoria va spostandosi. Quindi non più la memoria cosmopolita e universale, ma una memoria illiberale

1. Così Susan Sontag definiva il primo incontro di un individuo con le fotografie dell'orrore estremo. Susan Sontag, *On photography*, New York, Anchor Doubleday, 1989, pp. 19-20 (trad it. *Sulla fotografia. Realtà e immagine nella nostra realtà*, Torino, Einaudi, 1978, pp. 18-19).

2. Walter Benjamin, *Schriften*, Frankfurt am Main, SuhrKamp Verlag, 1955 (trad. it. *Angelus Novus. Saggi e Frammenti*, Torino, Einaudi, 1962).

3. Saul Friedländer, Michal Govrin, *Lecture: Some Reflections on Transmitting the Memory of the Shoah and its Implications, particularly in Israel*, in «The Journal of Holocaust Research», 37/1 (2023), pp. 3-10.

che si fa spazio nelle crepe del presente e all'interno di una sfera pubblica attraversata da profondi cambiamenti strutturali.[4]

Molti dubbi ci sono stati sull'utilità della memoria, sui monumenti alla Seconda guerra mondiale e sull'utilità dei programmi educativi sulla Shoah. Una forte reazione autocritica verso il fallimento delle politiche della memoria si scorge proprio nelle aree più democratiche. Ma il vero nodo critico, prescindendo dalla debolezza e problematicità della memoria della Shoah, è dato dalla forza dei suoi detrattori e da quella della memoria illiberale.[5]

Il cinema della post-memoria, dislocando e ricontestualizzando le immagini, è riuscito a evitare che l'immobilità e la ripetizione prevalessero nonostante la pressante richiesta del mercato? In molti casi è riuscito ad andare oltre la distanza del tempo facendo pienamente parte del rapporto mediato con quella parte di storia.[6]

Il cinema è memoria. Il cinema sulla Shoah, in particolare, è stato a lungo il paradigma stesso della memoria. Il cinema, come gli altri campi del sapere e della vita collettiva, ha a lungo ignorato, tranne alcune eccezioni, il tema della Shoah; solo con il trascorrere del tempo è passato dal silenzio traumatico dell'immediato dopoguerra alla rielaborazione del lutto negli anni Sessanta, fino ad arrivare alla recente istituzionalizzazione della memoria accompagnata dalla proliferazione di film, documentari e sceneggiati sulla Shoah in quella che possiamo definire l'epoca della testimonianza, in cui l'Olocausto è diventato parte imprescindibile della storia europea. Se ripercorriamo la storia del rapporto tra cinema e Shoah possiamo dunque ritrovare le tracce della stessa dialettica esistente tra storia e memoria. C'è infatti una precisa corrispondenza tra i tempi e le modalità della rappresentazione filmica e quelli della memoria nelle sue varie articolazioni. Il cinema non è stato, quindi, in generale, un precursore critico o un apripista, ma ha perfettamente rappresentato i tempi dell'elaborazione del lutto collettivo della Shoah. E all'interno di quella cornice ha creato e stimolato il discorso pubblico, ha avuto un ruolo nella costruzione della memoria collettiva. Il cinema dopo i grandi film del Novecento – da *Shoah* di Lanzmann a *Schindler's List* di Spielberg – ha continuato a esplorare e a riflettere in modi diversi su questo tema cruciale, scegliendo la linea del documentario con l'utilizzo di materiali d'archivio o quella con un approccio più narrativo e simbolico. Ha continuato, dunque, a scavare attraverso diverse lenti e forme narrative, contribuendo significativamente alla memoria collettiva. I contributi che qui proponiamo intersecano diversi contesti nazionali e diversi stili narrativi; esplorano il modo in cui il cinema ha affrontato e interpretato gli impatti della Shoah, offrendo una panoramica critica e approfondita delle opere cinematografiche che ne sono derivate. Stefano Apostolo e Giovanni Spagnoletti si occupano rispettivamente del cinema in Austria e in Germania. Queste due nazioni, intrinsecamente legate agli orrori

4. Jürgen Habermas, *Reflections and hypotheses on a further structural transformation of the political public sphere*, in «Theory, Culture & Society», 39/4 (2022), pp. 145-171.

5. Gavriel D. Rosenfeld, *The rise of illiberal memory*, in «Memory Studies», 16/4 (2023), pp. 819-836: https://doi.org/10.1177/1750698020988771.

6. Marianne Hirsch, *The Generation of Postmemory. Writing and Visual Culture after the Holocaust*, New York, Columbia University Press, 2012.

del Terzo Reich, dialogano con il loro passato, in Germania rendendolo elemento centrale dell'identità post-bellica, in Austria confrontandosi con il tema della colpa e del silenzio. Apostolo sottolinea come il vuoto critico dell'Austria del dopoguerra fu timidamente riempito dall'arte: prima dalla letteratura, si pensi a Thomas Bernhard, e poi dalla televisione e dal cinema, che come altrove solo negli anni Sessanta prende posizione sul passato nazista certamente non con un consenso corale. Come in tanti altri paesi europei il punto di svolta è segnato dai film di Hollywood, prima la serie televisiva *Holocaust* e poi da Spielberg. Nella produzione degli anni Duemila, viene indagata non solo la colpa relativa al periodo del Terzo Reich, ma anche rispetto alla politica della Seconda repubblica austriaca.

Giovanni Spagnoletti nel suo excursus sul cinema tedesco, che parte dal dopoguerra e arriva fino alla caduta del muro di Berlino, sottolinea la sorprendente assenza del tema della Shoah anche nel nuovo cinema tedesco, la generazione dei Kluge, Fassbinder, Wenders, Herzog, Reitz, che pure nelle intenzioni volevano differenziarsi dal mondo dei padri. È del 1948 la prima comparsa in un film tedesco, *In Jenen tagen*, di un campo di concentramento situato in un luogo non definito dell'Europa orientale, dove gli ebrei saranno salvati dalle truppe sovietiche. In questo periodo, nonostante la fine del Terzo Reich sia stata da poco segnata, secondo Spagnoletti il bilancio non è negativo, la produzione tedesca non ha certo prodotto capolavori ma ha iniziato la strada dell'elaborazione della Shoah, che fu, però, abbandonata negli anni Cinquanta. Bisognerà quindi attendere gli anni Sessanta e oltre per la realizzazione di film sulla Shoah. Nella DDR la situazione non cambia molto e la questione ebraica è declinata dentro l'antifascismo comunista.

Anche il cinema dell'Europa orientale, analizzato da Damiano Garofalo, è caratterizzato da una certa ambivalenza verso i temi ebraici e solo dopo la caduta del muro di Berlino ha ripreso il tema della Shoah. Garofalo analizza tre film paradigmatici di tre modi diversi di relazionarsi alla memoria della Shoah appartenenti anche a tre periodi diversi. Pawlikowski nel film *Ida* si pone fuori dai codici del cinema polacco che inserivano la Shoah in una cristianizzazione generale. Il secondo film racchiude secondo Garofalo decenni di riflessioni sulla Shoah e la cultura visuale. Si tratta dell'opera prima dell'ungherese László Nemes, *Il figlio di Saul*, che ha per protagonista un Sonderkommando, scelta che permette al regista di scandagliare la "zona grigia". Il terzo film, *Austerlitz*, è un documentario anomalo, definito da Garofalo come un vero e proprio film-saggio. Il regista ucraino Sergei Loznitsa lo ambienta nel memoriale di Sachenhausen, vicino Berlino. Il film riprende i turisti in visita nel lager.

Anche in Israele la rappresentazione della Shoah nel cinema attraversa fasi diverse. Nel mio contributo pongo in evidenza il passaggio da una narrazione redentiva a una più profonda e complessa comprensione della sofferenza vissuta dai sopravvissuti e delle conseguenze del loro trauma sulle generazioni successive. Uno dei primi film che si muove in questa direzione è *The Cellar* di Nathan Gross, che mette in scena la complessità e le ombre della Shoah rispetto al nuovo Stato ebraico e al suo racconto fondativo. Nel film i ricordi e la memoria riaffiorano costantemente nella vita del protagonista Emanuel attraverso continui flashback, soprattutto della notte dopo la liberazione dal campo di Dachau dove era stato deportato.

I documentari segnano questo passaggio in maniera ancora più netta: è il caso di *Cloudburst* che rappresenta la difficoltà d'inserimento dei sopravvissuti nella società Post-Shoah.

Una costante del cinema italiano è per Alessandro Izzi un vero e proprio sganciamento dalla tragedia storica, caratteristica che pone un problema di etica dello sguardo e che non si ritrova in altre cinematografie. Il cinema italiano dopo il successo de *La vita è bella* di Benigni ha percorso tre vie per rappresentare la Shoah: la prima ha seguito la classica collocazione lontana e fumosa della Shoah, come ne *Il servo ungherese* di Giorgio Molteni e Massimo Piesco; il secondo approccio ha inseguito un tono fiabesco proponendo, soprattutto nei prodotti televisivi, uno stile melenso; il terzo filone, invece, si differenzia e innova proponendo una visione non autoassolutoria, ma critica e autocritica, cosa che accade per esempio nel film di Alberto Caviglia *Pecore in erba*, visto da Izzi come una rara eccezione.

Il XX secolo ha visto i due film *Shoah* e *Schindler's List* occupare la sfera pubblica in due spazi differenti e in qualche modo complementari. Il primo si interroga e ci interroga sulle camere a gas, sulla inspiegabilità di quelle morti e su quell'abisso "indicibile", cercandone le tracce e le testimonianze umane. Il secondo è concentrato sui "salvati", su coloro che ce l'hanno fatta a sfuggire all'orrore di quella morte, lasciando aperta così la porta della speranza umana. La morte e i sopravvissuti sono così le due sponde intorno alle quali si è costruita la memoria della Shoah; il piano cognitivo, con le sue domande sui perché della storia, non si contrappone a quello emotivo ma si integra con esso, proiettato verso il futuro. La speranza di Spielberg e le domande di Lanzmann hanno costruito memoria collettiva e memoria critica. Andrea Minuz, che già aveva analizzato il cinema della Shoah e il contrasto tra il cinema americano e quello europeo, segnala l'avanzare di film che si pongono in contrasto con la vocazione universalistica di Spielberg, in particolare *La zona grigia*, che evoca un'atmosfera claustrofobica, realistica che nulla lascia all'identificazione melodrammatica di Hollywood o a film che usano la Shoah riducendola a pretesto e contesto atmosferico, come *The reader*, inseribile nel filone sadico-pornografico. Anche dalle serie televisive, sostiene Minuz, arriveranno le prossime narrazioni che riarticoleranno il rapporto tra memoria della Shoah e cultura di massa. Diverso il discorso, analizzato da Ivelise Perniola, per il documentario italiano, che, da una prima fase di censure e limitazioni con opere come *Roma, 16 ottobre 1943*, inizia a esplorare la responsabilità italiana della Shoah. Tra gli anni Ottanta e gli anni Novanta aumenta il numero dei documentari che si arricchiscono della presenza dei testimoni e dei sopravvissuti, i quali s'inseriscono nella narrazione alternandosi con il materiale d'archivio. La Shoah appare in più di un documentario come un pretesto per parlare di altro,

> uno stato d'animo, un luogo dell'anima all'interno del quale inserire tutti i contenuti possibili [...] Alla fine, forse l'unico approdo possibile, per un documentarismo

che voglia ritornare sui temi della Shoah è quello della promozione di un'ecologia dell'immagine in grado di ripartire da zero e ritornare a pensare come fare ancora cinema dopo Auschwitz e soprattutto dopo la sua trasformazione, rielaborazione, compromissione con il mondo esterno, soggettivo e parcellizzato degli eredi dei testimoni, di coloro che non hanno più la voce per testimoniare e non hanno neanche più il diritto di vedere.

Schweitzer, partendo dal capolavoro di Lanzmann, *Shoah*, ripercorre la lunga filmografia del regista. Sottolinea nel lavoro di Lanzmann il rifiuto categorico per ragioni filosofiche, estetiche e morali di utilizzare gli archivi. Non a caso, questi sono, infatti, definiti da Lanzmann «immagini senza fantasia» che bloccano la riflessione e pietrificano il pensiero. Una scelta formale che si ripresenta anche in altri filmati successivi nati sempre dal materiale girato per la realizzazione di *Shoah*. I temi vanno dalla resistenza ebraica nel filmato *Sobibor, 14 ottobre 1943, ore 16.00*, all'indifferenza del mondo nel documentario *Un vivo che passa* fino al complesso tema del ruolo dei Consigli ebraici all'interno dei ghetti controllati da i nazisti in *L'ultimo degli ingiusti*. Il tema del film, che è stato al centro di una polemica in cui era coinvolta Hannah Arendt, è affrontato da Lanzmann con una lunga intervista a Mulmerstein che era a capo del ghetto di Theresienstadt. Il film è del 2013, periodo lontano dalle polemiche, e realizzato in un momento in cui la ricerca storica aveva fatto più chiarezza sul ruolo dei consigli ebraici e della zona grigia alimentata e sfruttata dal potere nazista per raggiungere i propri scopi. Guido Vitiello nel suo contributo esplora la dimensione fantastica e fantascientifica delle serie tv americane inserite nel processo d'inscrizione dell'Olocausto nei valori americani. Sia nelle serie dell'immediato dopoguerra sia in quelle che arrivano fino agli anni Duemila i campi sono trasfigurati in un mondo fuori dalla realtà o addirittura proveniente da un altro pianeta misterioso e lontano. Il potere illimitato della fantascienza tenta di intervenire nella memoria e nei passati familiari dei sopravvissuti. Viaggi nel tempo e fantasia di testimonianze sono tutti mezzi e modi di rappresentare la trasmissione intergenerazionale del trauma.

Stefano Apostolo

Nazionalsocialismo e Shoah nel cinema austriaco. Dalla "teoria della vittima" ai giorni nostri

Österreich war immer unpolitisch. Wir waren nie politische Menschen.
(L'Austria è sempre stata apolitica. Non siamo mai state persone politiche.)
Der Herr Karl

1. *La decostruzione dell'innocenza*

Con la fine della Seconda guerra mondiale e la caduta del nazionalsocialismo, la Germania vide un consistente ridimensionamento dei propri confini, fu divisa in settori e occupata dalle forze alleate. Le responsabilità per i crimini compiuti nel corso del conflitto erano innegabili, e quindi per la società tedesca ebbe inizio un lungo percorso di espiazione (non sempre efficace) tra processi giudiziari, *Entnazifizierung* delle istituzioni e dei singoli cittadini, nonché programmi di rieducazione. Nello stesso periodo nella vicina Austria, l'ex *Ostmark* del Terzo Reich, ugualmente occupata e suddivisa in settori fino al 1955 – l'anno dello *Staatsvertrag* che ripristinò l'indipendenza e la sovranità statale –, si verificò qualcosa di singolare. Parallelamente al percorso di denazificazione,[1] forte all'inizio ma sempre più blando con il protrarsi della Guerra fredda, prese piede la *Opferthese*, la teoria secondo cui l'Austria, annessa con la forza dalla Germania nazista nel 1938, sarebbe stata la prima vittima della politica di aggressione tedesca.[2] Questa teoria tornava utile alla politica del nuovo Stato austriaco per distanziarsi dalla fase 1938-1945,

1. Centrale nella fase di rieducazione austriaca fu l'esposizione *Niemals vergessen!* (*Mai dimenticare!*), realizzata da Victor Theodor Slama e tenutasi da settembre a dicembre 1946 presso il Wiener Künstlerhaus. Gli ex membri del partito nazionalsocialista vennero espressamente invitati a visitarla e a seguire relative conferenze in modo da acquisire punti necessari per completare il percorso di denazificazione. Si veda a proposito: *Niemals vergessen! Antifaschistische Ausstellung, Wiener Künstlerhaus*: https://www.geschichtewiki.wien.gv.at/Niemals_vergessen!_Antifaschistische_Ausstellung,_Wiener_K%C3%BCnstlerhaus (8.2.2023).

2. Questa teoria si fonda sulla Dichiarazione di Mosca del 1943 sottoscritta da Stati Uniti, Gran Bretagna e Unione sovietica, nella quale si fa riferimento all'Austria come primo Stato libero a cadere vittima della politica di Hitler. Per un'analisi approfondita della "Opferthese" si veda *Il "caso Austria". Dall'"Anschluss" all'era Waldheim*, a cura di Roberto Cazzola e Gian Enrico Rusconi, Torino, Einaudi, 1988.

quella parentesi storica in cui la sovranità statale era di fatto stata interrotta, ed era supportata da una serie di argomenti volti a mostrare, almeno in parte, l'estraneità alla Germania nazista nella fase precedente all'annessione, come il divieto della Nsdap (Nationalsozialistische Deutsche Arbeiterpartei) durante il governo Dollfuß e il fallito colpo di Stato del 1934 operato da infiltrati delle SS e loro sostenitori. Al tempo stesso, però, la *Opferthese* permetteva la formazione e la propagazione di un pericoloso mito dell'innocenza austriaca.

Proprio perché inversamente proporzionali alla realtà dei fatti e quindi adatti a celare i trascorsi di una parte non esigua della società, la teoria della vittima e il mito dell'innocenza trovarono terreno fertile in ampie fasce della cultura austriaca. Sul passato nazista e la sua eredità scomoda cadde per molti anni un silenzio assordante, interrotto di tanto in tanto da processi che con il passare del tempo divenivano sempre più sporadici e non di rado terminavano con condanne piuttosto clementi per gli imputati. In una società così assuefatta all'impunità dei colpevoli fu inizialmente l'arte, in particolar modo la letteratura, a colmare questo vuoto, a tematizzare il passato, e quindi a tentare di scuotere le coscienze dei lettori. Il racconto breve *Das vierte Tor* di Ilse Aichinger, pubblicato a inizio settembre 1945, è il primo testo letterario austriaco a soffermarsi sul destino del popolo ebraico, nonché il primo testo in cui compare la parola *Konzentrationslager*.[3] Questo racconto sfociò poi nell'unico, grande romanzo di Aichinger, *Die größere Hoffnung* (1948), un'opera dai tratti fortemente autobiografici e caratterizzata da uno stile sfuggevole ed etereo, in cui sono raffigurate le vicende travagliate di alcuni bambini «con nonni sbagliati» nella Vienna delle persecuzioni razziali e della guerra.[4]

Nonostante il generale clima di omertà, i fantasmi del passato si fecero strada in maniera sempre più tenace nella letteratura austriaca grazie ad autori come Gerhard Fritsch, in parte già con *Moos auf den Steinen* (1956, trasposto su pellicola nel 1968 con la regia di Georg Lhotsky), ma soprattutto un decennio più tardi con *Fasching* (1967), in cui oltre alla diserzione viene tematizzata anche la profonda ottusità della provincia austriaca. Oltre al formidabile racconto di Ingeborg Bachmann *Unter Mördern und Irren* (1961), che ritrae la società spaccata di metà anni Cinquanta in cui ex nazisti, oppositori politici ed ebrei sono costretti a convivere fra loro, occorre segnalare il romanzo *Die Wolfshaut* (1960) di Hans Lebert: alla fine del conflitto, il ritorno di un soldato al proprio paese natale coincide con una serie di omicidi legati a un massacro di lavoratori forzati a cui avevano preso parte alcuni paesani. È tuttavia con Thomas Bernhard che la rappresentazione del passato si trasforma con veemenza in denuncia, in accusa di una società malata che accetta, anzi, permette a veri criminali di condurre indisturbati una nuova vita. La critica al passato nazista dell'Austria è un aspetto che pervade tutta la

3. *Das vierte Tor* venne pubblicato il 1° settembre 1945 nel «Wiener Kurier». Esemplare per questa fase di transizione epocale è il fatto che in coda al racconto di Aichinger è riportata l'intervista di una ex telefonista di Göring con dettagli riservati sulla figura dell'ex gerarca nazista.

4. Ilse Aichinger, *La speranza più grande*, trad. it. di Ervino Pocar, a cura di Matteo Iacovella, Macerata, Quodlibet, 2021, p. 8.

produzione bernhardiana, dai primi tentativi in prosa (come l'inedito *Schwarzach St. Veit*, 1957-1961), all'autobiografia e ai grandi romanzi come *Frost* (1963) e *Auslöschung* (1986), trovando però la sua espressione migliore in ambito teatrale, con pièces come *Vor dem Ruhestand* (1979) e *Heldenplatz* (1988).[5]

Se è quindi possibile affermare che nella letteratura la teoria della vittima fu messa in discussione abbastanza presto con grande acume e sensibilità – non solo da parte di Bernhard, ma anche di Marie-Thérèse Kerschbaumer, Peter Handke, Peter Henisch, Elfriede Jelinek, giusto per citare alcuni nomi –, nei primi decenni dopo la fine della guerra il mondo del cinema austriaco faticava ancora a occuparsi in maniera critica del proprio passato. Nel 1948 uscì *Der Prozeß*, un film di Georg Wilhelm Pabst sull'antisemitismo storico tratto da fatti realmente accaduti in un villaggio ungherese nel 1882. Tuttavia, se da un lato questo prodotto (premiato alla Mostra del cinema di Venezia del 1948) può essere visto come primo segnale d'interesse per la tragedia dell'Olocausto, dall'altro esso sembra relegare l'antisemitismo a un'altra epoca (la fine dell'Ottocento) e collocarlo in un'altra realtà sociale e geografica (l'Ungheria, per quanto questa all'epoca della vicenda fosse ancora territorio asburgico). Inoltre Pabst, nonostante il successo degli anni Venti, fu un regista che durante la guerra si era compromesso mettendosi al servizio della cinematografia nazista e realizzando film in cui era evidente una sottile propaganda di regime. Due film del 1955, uno sull'attentato a Hitler (*Es geschah am 20. Juli*) e uno sugli ultimi giorni della dittatura (*Der letzte Akt*) non furono sufficienti a ripristinarne la fama. Grande successo ebbe invece *Der Engel mit der Posaune* (1948) di Karl Hartl, trasposizione cinematografica del romanzo omonimo (1946) di Ernst Lothar, in cui sono raffigurate le vicende degli Alt, famiglia ebraica di costruttori di pianoforti a Vienna, nel turbinio di mutamenti politici dal 1888 fino al 1945.

È necessario arrivare all'inizio degli anni Sessanta per trovare la prima produzione – in questo caso televisiva – che inizi a prendere posizione sul passato nazista dell'Austria. Si tratta del monologo di Helmut Qualtinger *Der Herr Karl*, un'opera della durata di circa un'ora a metà tra satira e pièce teatrale, realizzata insieme a Carl Merz e trasmessa il 15 novembre 1961 dalla televisione austriaca. Nei panni del signor Karl, un gran chiacchierone di mezza età dall'aspetto robusto e dall'aria affabile, magazziniere in una "Greißlerei" (un negozio di prima necessità), Qualtinger ripercorre tutte le tappe della storia recente che coincidono con l'evoluzione politica dell'austriaco medio: fino al '34 socialista, poi simpa-

5. Per un'analisi dettagliata del nazionalsocialismo in Bernhard si veda Markus Kreuzwieser, *Thomas Bernhards literarische Auseinandersetzung mit dem Nationalsozialismus*, in «Österreichische Zeitschrift für Geschichtswissenschaften», 10/4 (1999), pp. 620-629. Di Bernhard fu trasposto su pellicola *Der Italiener*, uscito nel 1972 grazie alla collaborazione con il regista dell'avanguardia austriaca Ferry Radax. Come nell'opera letteraria, anche in questo film si accenna in maniera volutamente oscura a un massacro di soldati polacchi avvenuto verso la fine della guerra. Il ruolo del protagonista, l'italiano, fu ricoperto dall'attore Fabrizio Jovine, che Bernhard con grande soddisfazione definì «un vero italiano, il signor Jovine di Roma, un uomo dal profilo eccellente» (cfr. Thomas Bernhard, Siegfried Unseld, *Der Briefwechsel*, Frankfurt am Main, Suhrkamp, 2009, p. 219. Le traduzioni dal tedesco sono sempre di chi scrive).

tizzante della Heimwehr, in seguito nazista entusiasta dell'ingresso dei tedeschi a Vienna nel '38 con uniformi lucide e fanfare, quindi loro collaboratore e aguzzino dei vicini di casa ebrei, e infine grande amico degli Alleati. Con questa interpretazione Qualtinger mise a nudo in maniera inequivocabile, in gustoso dialetto viennese e servendosi di un'ironia pungente, lo spirito apolitico di quella parte della società austriaca che, celandosi dietro a un'apparenza semplice e mite, si era rivelata in realtà opportunista, calcolatrice e ipocrita. Esemplare è quanto il signor Karl racconta del vicino di casa ebreo, il signor Tennenbaum, da Karl stesso umiliato e costretto a lavare il marciapiede, poi deportato e rientrato a Vienna dopo la fine della guerra. Al suo ritorno Karl lo incontra e lo saluta, Tennenbaum lo ignora: «Mi sono detto: ma pensa te, adesso è arrabbiato, il Tennenbaum. E comunque: qualcuno avrebbe pur dovuto lavarlo [il marciapiede]».[6] È chiaro che a inizio anni Sessanta un prodotto di questo tenore provocò numerosi dibattiti all'interno della società austriaca, e già la sera stessa della prima televisiva furono numerose le telefonate indignate giunte presso la sede dell'emittente ORF, seguite da lettere a giornali e redazioni in cui Qualtinger e Merz venivano insultati e persino minacciati di morte.[7]

Nella primavera del 1979 (1-4 marzo), quasi 18 anni dopo *Der Herr Karl*,[8] venne trasmessa anche in Austria la serie televisiva americana *Holocaust*, che come nel resto del mondo, e in particolar modo per le generazioni più giovani, segnò l'inizio di un processo di sensibilizzazione, apprendimento e confronto con il passato. Se in Germania la serie spinse larghe fasce della popolazione a sviluppare un atteggiamento autocritico nei confronti dei crimini tedeschi, in Austria essa pose per la prima volta la questione della responsabilità non più attraverso il filtro satirico e tagliente, ma per lo più soltanto allusivo di Qualtinger, bensì in maniera esplicita e ineludibile.[9] Di questo grande successo televisivo e fenomeno sociale beneficiò sicuramente *Kassbach* di Peter Patzak, che venne proiettato nei cinema austriaci proprio a fine marzo 1979, poche settimane dopo *Holocaust*, in un momento di grande sensibilità generale e di forte interesse da parte del pubblico cinofilo. Il protagonista di questo film (tratto dal romanzo omonimo di Helmut Zenker del 1974) è Karl Kassbach, verduriere viennese dal passato torbido (in ciò molto simile al signor Karl), che da ex nazista torna a militare tra le fila dei neonazisti negli anni Settanta, sfogando la propria frustrazione sociale e sessuale su moglie e figlio, su animali e immigrati. Sulla scia di *Holocaust* i primi anni Ottanta videro la produzione di numerosi film sul passato nazionalsocialista come *Der Bockerer* (1981) di Franz Antel, tratto dall'omonima pièce di Ulrich Becher e Peter Preses del 1948, e come la trilogia *Wohin und zurück* di Axel Corti

6. Carl Merz, Helmut Qualtinger, *Der Herr Karl*, regia di Erich Neuberg, 1961.

7. Gunna Wendt, *Helmut Qualtinger. Ein Leben*, München, Piper, 1999, p. 93.

8. In questi 18 anni, l'unico film a trattare (in maniera non del tutto efficace) il passato nazionalsocialista austriaco fu *An der schönen blauen Donau* di John Olden del 1965, un film televisivo in coproduzione austro-tedesca di ORF e NDR.

9. *«Holocaust»: Meilenstein der Erinnerung*, intervista dell'emittente radiofonica ORF con il Prof. Wulf Kansteiner, 4.12.2014: https://sciencev2.orf.at/stories/1750273/index.html (8.2.2023).

(1982-1985); a questi si aggiunsero negli anni immediatamente seguenti anche *Kieselsteine* di Lukas Stepanik (1982), *Heidenlöcher* di Wolfram Paulus (1986) e *38 – Auch das war Wien* (1986) di Wolfgang Glück (quest'ultimo tratto dal romanzo *Auch das war Wien* di Friedrich Torberg, uscito postumo nel 1984).

Tra queste produzioni è probabilmente *Der Bockerer* il film oggi più noto e che meglio riesce a rappresentare la situazione a Vienna durante l'Anschluss, con l'arrivo dei tedeschi e l'inizio del collaborazionismo locale. Al centro della storia si trova la figura picaresca, bonaria e un po' impacciata di Karl Bockerer, macellaio viennese che, a differenza del signor Karl, si rivela convinto oppositore del regime (con suo gran dispiacere scopre di compiere gli anni lo stesso giorno di Hitler) e cerca di opporsi a esso rischiando più volte di incorrere in serie conseguenze. Al termine della guerra Bockerer ha perso il figlio sul fronte russo e l'amico comunista Hermann a Dachau; tuttavia, con un malinconico finale armonizzante, può ancora rallegrarsi del ritorno dell'avvocato Dr. Rosenblatt, amico ebreo di lunga data che era stato costretto a emigrare successivamente all'Anschluss. Proprio la situazione della numerosa comunità ebraica a Vienna con l'avvento del nazionalsocialismo è messa bene in luce in *Der Bockerer*: come in parte già visto in *Der Herr Karl*, anche in questo film vengono mostrati chiaramente i soprusi e le umiliazioni a cui erano sottoposti gli ebrei all'indomani dell'Anschluss, denunciando così un antisemitismo austriaco latente da tempo, quell'antisemitismo profondamente radicato nella cultura mitteleuropea che pochi anni dopo sarebbe stato al centro del film *Weiningers Nacht* di Paulus Manker (1990, tratto da una pièce teatrale di Joshua Sobol del 1982 sulla morte del filosofo di origine ebraica e antisemita Otto Weininger). *Der Bockerer* fu girato interamente a Vienna e vide la partecipazione di H.C. Artmann per la stesura della sceneggiatura. La critica austriaca e quella della BRD si rivelarono piuttosto tiepide, inaspettato fu invece il successo ottenuto nella DDR.[10]

Der Herr Karl, ma soprattutto *Der Bockerer* e *Wohin und zurück* – senza dimenticare l'impulso decisivo di *Holocaust* – contribuirono a stimolare la società austriaca, aiutandola a metabolizzare e mettere gradualmente in discussione la teoria della vittima. Pur senza raggiungere il medesimo grado di profondità della letteratura, che in quegli stessi decenni aveva svolto un lavoro introspettivo e propedeutico fondamentale,[11] questi film erano riusciti a toccare e a rendere evidenti per il grande pubblico quei problemi divenuti scottanti quasi mezzo secolo dopo il fatale 1938, verso la metà degli anni Ottanta. Con gli scandali Reder e Waldheim la teoria della vittima e il mito dell'innocenza furono irrimediabilmente compromessi,[12] e la

10. Franz Antel, *Verdreht, verliebt, mein Leben*, München-Wien, Amalthea, 2001, p. 237.

11. Wendelin Schmidt-Dengler, *Austria: "pathos dell'immobolismo". La cultura della Seconda repubblica*, in *Il "caso Austria"*, pp. 186-211, qui a p. 207.

12. Walter Reder era tra i responsabili di diversi eccidi compiuti in territorio italiano, tra cui la strage di Marzabotto. Dopo aver scontato la pena in Italia, al suo rientro in Austria nel 1985 venne accolto con eccessivo calore dall'allora ministro della Difesa Friedhelm Frischenschlager, scatenando reazioni indignate come quella di Thomas Bernhard, che preparò un articolo dal titolo *Furcht- und ekelerregend* (*Terrificante e nauseante*), poi respinto da tutti i giornali per la sua durezza contro lo Sta-

loro falsità venne sancita dalla pubblica ammissione di colpa contenuta nel discorso che il cancelliere Franz Vranitzky tenne davanti al Consiglio nazionale l'8 luglio 1991. Per la prima volta dalla fine della guerra l'Austria riconosceva ufficialmente la propria responsabilità.

2. Schindler's List *arriva in Austria*

Se gli anni Settanta videro l'uscita di *Holocaust* di Marvin J. Chomsky e gli anni Ottanta di *Shoah* di Claude Lanzmann, gli anni Novanta furono segnati da *Schindler's List* di Steven Spielberg. Dopo una serie televisiva e un documentario fu quindi la volta di un film, che proprio grazie al suo formato – e quindi alla sua capacità di raggiungere ogni strato della società – scosse a livello globale le coscienze degli spettatori innescando un vero e proprio dibattito sul passato e sulla rappresentabilità della Shoah. Non particolarmente noto è forse il fatto che, dopo l'uscita nelle sale americane nel 1993, la première europea di questo film ebbe luogo proprio a Vienna. La capitale austriaca non fu scelta per caso: dal 1973 Spielberg era infatti in costante contatto con Hans Menasse, ebreo (da parte di padre) viennese sfuggito alle persecuzioni naziste con un *Kindertransport* verso Londra, dal 1947 nuovamente a Vienna come agente cinematografico per Hollywood, calciatore professionista e, non da ultimo, padre degli scrittori Eva e Robert Menasse.[13] L'amicizia tra i due fece sì che, anche per marcare il ruolo controverso del paese durante il nazismo, e in forza della storica e numerosa comunità ebraica, la prima proiezione europea avvenne a Vienna. E così, il 16 febbraio 1994, il film venne mostrato nel Gartenbaukino alla presenza di Spielberg e Menasse, con il presidente austriaco Thomas Klestil, il cancelliere Franz Vranitzky, Simon Wiesenthal, i vertici della Comunità Ebraica di Vienna e circa 700 ebrei viennesi.[14] A parte alcune accuse relative al business della Shoah in cui Spielberg sarebbe stato coinvolto, da Menasse rigettate con forza, in Austria il film fu accolto con grande entusiasmo, arrivando a essere utilizzato anche per proiezioni scolastiche come integrazione alle lezioni di storia e soprattutto come mezzo di sensibilizzazione per le generazioni più giovani.[15]

to austriaco (cfr. Manfred Mittermayer, *Thomas Bernhard. Eine Biografie*, Salzburg, Residenz Verlag, 2015, p. 392). Di Kurt Waldheim, ex segretario generale delle Nazioni Unite, si venne a sapere nel corso della campagna per le elezioni presidenziali austriache che durante la guerra era stato ufficiale della Wehrmacht, dando quindi adito a ipotesi e accuse sul suo coinvolgimento in crimini di guerra. Nonostante ciò, Waldheim venne eletto presidente dell'Austria dal 1986 al 1992.

13. Alexander Juraske, Agnes Meisinger, Peter Menasse, *Hans Menasse. The Austrian Boy. Ein Leben zwischen Wien, London und Hollywood*, Wien-Köln-Weimar, Böhlau, 2019, pp. 112-113.

14. Ivi, pp. 131-132. Nelle stesse pagine, Menasse riporta anche come Spielberg non volesse pernottare nell'Hotel Imperial, in quanto lì aveva dormito anche Hitler, per cui fu necessario trovare un'altra sistemazione. Durante la proiezione inoltre, Menasse e Spielberg uscirono dal cinema per andare a cena, facendo ritorno giusto in tempo per assistere allo scroscio finale di applausi.

15. Si vedano a proposito le due lettere di Wiesenthal a Menasse e di Spielberg a Wiesenthal, in cui si accenna al valore del film come strumento educativo per i giovani. Ivi, pp. 134-135.

Sulla scia di questa produzione che spalancò all'Olocausto le porte della cultura di massa si colloca anche *Hasenjagd – Vor lauter Feigheit gibt es kein Erbarmen* (1994). Il film di Andreas Gruber si concentra su un fatto realmente accaduto, un capitolo oscuro della storia austriaca, che nel febbraio 1945 vide circa 500 prigionieri sovietici, condannati a morte perché rifiutatisi di unirsi alla Wehrmacht, organizzare una fuga da Mauthausen. Mentre molti furono uccisi durante l'evasione, circa 300 riuscirono a dileguarsi nella notte. Le autorità naziste indissero quindi una vera e propria caccia all'uomo a cui presero parte soldati, gendarmi, HJ e anche civili. Già nel 1984 il romanzo d'esordio di Elisabeth Reichart, *Februarschatten*, prese in esame questa vicenda, e più o meno nello stesso periodo Andreas Gruber iniziò a raccogliere materiale per la produzione del proprio film. Non un prodotto estemporaneo quindi, bensì il risultato di un lavoro di ricerca durato circa dieci anni, che già nei primi sei mesi aveva portato in sala più di 100.000 spettatori, diventando il film più visto in Austria nella stagione 1994-95 e aggiudicandosi diversi premi, tra cui l'Austrian Ticket, il Kulturpreis des Landes Oberösterreich e il premio del pubblico alla Diagonale di Graz.[16]

Nel film, che a differenza del romanzo di Reichart cerca di evitare elementi finzionali attenendosi il più scrupolosamente possibile ai fatti, emerge con forza la disumanità della vita a Mauthausen, la disperazione dei fuggitivi che cercano di nascondersi in ogni anfratto, nella foresta, nel teatro – dove assistono alla proiezione di materiale propagandistico, dando vita a un momento di metacinematograficità –, nella chiesa e nelle abitazioni del vicino paesino di Ried. La spietatezza di questa battuta di caccia, in cui non mancarono coloro che fecero a gara nell'uccidere più prigionieri, è amplificata dal paesaggio gelido, innevato e sterminato, dal fischiare del vento, dal silenzio irreale e dal suono sordo dei passi sulla neve ghiacciata, intervallato – quasi come un triste Leitmotiv – dal rumore di un treno in corsa. All'indifferenza dei più si contrappone però il tentativo di alcuni, pochi abitanti che cercano di smarcarsi e prendere le distanze da questa barbarie. È il caso della famiglia Karner, che ospita due prigionieri nascondendoli nel proprio casale con il rischio di subire rappresaglie – uno dei figli, Fredl, viene anche arrestato per essersi rifiutato di fucilare un fuggitivo catturato.

Gli ultimi, interminabili mesi di guerra sono passati e finalmente è arrivata la primavera. Con la rinascita della natura sembra impossibile che la "caccia alla lepre" abbia veramente avuto luogo. I due prigionieri lavorano solerti con la famiglia Karner, i soldati si sono dileguati e tutti prendono le distanze dal nazismo. Come rivelano i titoli di coda, soltanto di nove dei 500 prigionieri fuggiti si ha contezza che siano sopravvissuti. Al termine dei titoli, quasi un triste postludio, ha luogo la parte forse più significativa del film, o comunque quella che, a distanza di anni, ci riguarda più da vicino. Il sindaco del paese si trova in tribunale davanti al giudice. Nonostante sia accusato di aver istigato i suoi cittadini a compiere la strage, viene giudicato innocente in quanto in molti hanno deposto a suo

16. Linda C. DeMeritt, *Representations of History: The Mühlviertler Hasenjagd as Word and Image*, in «Modern Austrian Literature», 32/4 (1999) [*Austria in Film*], pp. 134-145, qui a p. 134.

favore. Anche l'accusa di essere un convinto nazista decade perché non sono state trovate prove sufficienti. La seduta è tolta, l'imputato può andare e l'obiettivo che inquadra dall'alto la sala si solleva, mostrando sul muro alle spalle del giudice l'ombra sbiadita di una croce uncinata.

Hasenjagd non si sofferma quindi solo sul passato, su un preciso crimine commesso a inizio 1945, bensì pone l'accento anche su ciò che venne dopo, sulla presenza di colpevoli rimasti impuniti all'interno di una società omertosa, una società pronta a schierarsi dalla loro parte rivelandosi collaboratrice ed essa stessa colpevole. Così facendo questo film mostra dunque un superamento della "lezione" di *Schindler's List*: non solo ha portato con successo sul grande schermo il tremendo passato nazista, bensì ha posto anche le basi per un'analisi più approfondita e meticolosa del ruolo scomodo dell'Austria intera, persino delle comunità rurali più piccole.

3. *Il nuovo millennio tra storie di famiglia, condanna del passato e* Täterforschung

Con l'inizio del nuovo millennio la fase dell'innocenza è definitivamente conclusa, e mentre il momento storico della Shoah si allontana sempre di più (da un punto di vista temporale e fisico per via della scomparsa dei testimoni) anche in Austria il mondo del cinema continua a confrontarsi con il fenomeno dell'Olocausto. Da un lato questa tendenza è comprensibile grazie alle teorie di Aleida e Jan Assmann: la crescente produzione di film su questo tema può essere vista come sintomo della trasformazione della memoria comunicativa («kommunikatives Gedächtnis») interna a una comunità, che, fissata in prodotti stabili e duraturi, dà vita alla memoria culturale («kulturelles Gedächtnis») della comunità stessa.[17] D'altro lato però è anche il graduale scomparire di un'intera generazione, l'ultima ad aver vissuto direttamente l'Olocausto, a spingere l'industria cinematografica a tentare di colmare il vuoto di sapere che si sta originando, facendo del film la forma centrale di memoria dell'Olocausto («Film als zentrale Form des Holocaust-Gedenkens»).[18] È comunque necessario ricordare che, come tutte le rappresentazioni dell'Olocausto, anche le rappresentazioni cinematografiche sono destinate a restare tentativi di rappresentazione.[19]

17. Aleida Assmann, Jan Assmann, *Das Gestern im Heute. Medien und soziales Gedächtnis*, in *Die Wirklichkeit der Medien. Eine Einführung in die Kommunikationswissenschaft*, a cura di Klaus Merten, Siegfried J. Schmidt e Siegfried Weischenberg, Wiesbaden, Springer Fachmedien, 1994 (I ed. Opladen, Westdeutscher Verlag, 1994), pp. 114-140, qui a pp. 119-121.

18. Catrin Corell, *Der Holocaust als Herausforderung für den Film*, Bielefeld, transcript Verlag, 2009, qui a pp. 13-28 («Film als zentrale Form des Holocaust-Gedenkens»).

19. Si veda a proposito il volume *Narrative der Shoah. Repräsentationen der Vergangenheit in Historiographie, Kunst und Politik*, a cura di Susanne Düwell e Matthias Schmidt, Paderborn-München-Wien-Zürich, Ferdinand Schöning, 2002. Particolarmente significativo al

Dagli anni Duemila in poi sono numerosi i film austriaci (o in coproduzione con altri paesi) che si sono occupati della Shoah. È del 2002 *Gebürtig*, tratto dall'omonimo, fortunato romanzo del 1992 di Robert Schindel, che insieme a Lukas Stepanik curò anche la regia. In quest'opera dal carattere fortemente polifonico si intrecciano tre storie principali, al cui centro si trovano «diversi passati, o meglio ancora, uno stesso passato visto da diversi punti di vista», che condiziona i comportamenti di tutti i personaggi, ebrei e non ebrei.[20] Se però il romanzo presenta la storia dello scrittore di successo Gebirtig come reale, nel film viene marcato con più forza il confine tra realtà e finzione; inoltre, nel film, a differenza dell'opera letteraria, compare un'ulteriore rappresentazione della Shoah sotto forma di cabaret, che, oltre ad alludere alla tradizione del cabaret ebraico viennese, serve per spezzare e creare una sorta di distacco ironico dalla narrazione drammatica.[21]

Negli anni successivi uscirono vari altri film che analizzano da diversi punti di vista la Shoah e le sue conseguenze. Il 2007 fu l'anno di *Die Fälscher* di Stefan Ruzowitzky, al cui centro si trova la vicenda, tratta da fatti realmente accaduti, di un falsario ebreo costretto a collaborare con i nazisti producendo banconote e documenti contraffatti nell'ambito dell'Operazione Bernhard, la più grande operazione di falsificazione di denaro della storia. Oltre che per il cast d'eccezione, *Die Fälscher* è particolarmente importante in quanto è sinora l'unico film austriaco (in coproduzione con la Germania) a essersi aggiudicato un premio Oscar in qualità di miglior film in lingua straniera (2008). Nel 2009 uscì *Das Vaterspiel*, la trasposizione cinematografica a opera di Michael Glawogger del non particolarmente fortunato romanzo omonimo di Josef Haslinger (2000), costruito sulla relazione padre/figlio e carnefice/vittima.[22] Ratz, trentenne viennese e ideatore di un videogioco basato sul parricidio, viene contattato da una vecchia amica ora residente a New York, il cui prozio avrebbe bisogno di restaurare la cantina. Una volta sul posto scopre che il prozio è un anziano latitante nazista; dopo un rifiuto iniziale, Ratz decide di aiutarlo, arrivando quasi a vedere nel criminale quella figura paterna che non ha mai trovato nel proprio padre.

Mein bester Feind (Wolfgang Murnberger, 2011) e *Die Kinder der Villa Emma* (Nikolaus Leytner, 2016) rappresentano in una luce meno opprimente i terrori della persecuzione razziale: il primo è una commedia di produzione austro-lussemburghese tratta dal romanzo *Wie es Victor Kaufmann gelang, Adolf Hitler doch*

suo interno è il capitolo su «Trauma und Undarstellbarkeit» nel saggio di Christina Pfestroff, *Anamnese der Amnesie. Jean-François Lyotard und der Topos der Undarstellbarkeit in der geschichtswissenschaftlichen Diskussion*, pp. 229-244. Molto importante per comprendere a fondo il discorso della rappresentazione della Shoah nell'arte letteraria e negli altri media come film, fotografia, disegno e fumetto è il volume a cura di Alessandro Costazza: *Rappresentare la Shoah*, Milano, Cisalpino, 2005.

20. Alessandro Costazza, *La "memoria ereditaria". La Shoah nel romanzo e nel film* Gebürtig *di Robert Schindel*, in *Rappresentare la Shoah*, pp. 375-394, qui a p. 381.

21. Cfr. ivi, pp. 393-394.

22. Cfr. Franz Haas, *Das Neueste aus Wien*, in «Neue Zürcher Zeitung», 16 settembre 2000.

noch zu überleben (2009) di Paul Hengge, in cui due amici di lunga data, l'"ebreo" Victor e il "tedesco" Rudi, si scambiano il ruolo; nel secondo viene presentata la storia, realmente accaduta, di un gruppo di bambini ebrei provenienti da diversi paesi mitteleuropei, che nel 1941 partirono da Vienna con un viaggio organizzato dall'associazione ebraica Alijat Noar per raggiungere la Palestina, e che per cause belliche vennero dirottati verso l'Italia, dove trascorsero diversi mesi in una villa della provincia modenese. *Die Lebenden* (Barbara Albert, 2012) e *Das Testament* (Amichai Greenberg, 2017) offrono invece un'ulteriore declinazione della Shoah, in particolar modo delle tracce che questo evento epocale ha lasciato nelle generazioni successive: mentre nel primo film, una produzione austro-tedesca, la protagonista Sita scopre che il proprio nonno, originario di una comunità tedesca della Transilvania, era un soldato delle SS di stanza ad Auschwitz e inizia quindi a indagare meticolosamente sulla storia della propria famiglia, in maniera quasi speculare il secondo, una produzione austro-israeliana, narra le vicende di uno storico, il Dr. Yoel Halberstam, che nel corso delle proprie ricerche scopre di non essere ebreo e vive così un trauma che lo porta a mettere in discussione la propria identità e le proprie origini.

A partire dal nuovo millennio sono inoltre molti i documentari prodotti in area austriaca, alcuni di notevole valore, che si occupano di portare alla luce e quindi di salvare dall'oblio fatti particolarmente cruenti legati all'Olocausto, e al tempo stesso, in linea con la *Täterforschung* (ricerca sui perpetratori), di comprendere le dinamiche che spinsero individui normali a diventare carnefici. È il caso di *Dann bin ich ja ein Mörder* (2012), documentario di Walter Manoschek, professore di Scienze Politiche all'Università di Vienna, che analizza le dinamiche del massacro di Deutsch Schützen, paesino al confine con l'Ungheria dove verso la fine della guerra vennero uccisi circa 60 prigionieri ebrei.[23] Particolarmente interessante è qui l'intervista con l'ex soldato delle SS Adolf Storms, che nonostante l'età molto avanzata nel documentario mostra una memoria ferrea per quanto riguarda le azioni belliche a cui prese parte, ma si rivela totalmente incapace di ricordarsi del crimine commesso presso Deutsch Schützen al di fuori di scenari di guerra "abituali". Ecco quindi che il documentario di Manoschek, quasi uno studio psicologico, tenta di capire il complicato rapporto che si istaura tra il ricordo, la sua rimozione involontaria (oppure volontaria) e quindi l'oblio finale, che porta il criminale all'incapacità di accettare la propria implicazione nel misfatto. Anche le interviste con due ex membri della HJ, allora ragazzini coinvolti nell'organizzazione della strage,

23. Sempre nel Burgenland, al confine con l'Ungheria e circa 20 km più a nord di Deutsch Schützen si trova Rechnitz. Anche qui, presso il castello di Rechnitz, nella notte tra il 24 e il 25 marzo 1945 vennero fucilati circa 200 lavoratori forzati ebrei provenienti dall'Ungheria. Al massacro presero parte anche ospiti della contessa Margit von Batthiàny, che proprio quella sera aveva dato una festa al castello. Nel 2019 uscì per la prima volta in Dvd *Totschweigen*, il documentario prodotto da Margareta Heinrich ed Eduard Erne nel 1994, che ispirò a Elfriede Jelinek l'opera teatrale *Rechnitz (Der Würgeengel)* del 2008. Anche il già citato film di Amichai Greenberg, *Das Testament*, è ispirato da questa vicenda.

sono rivelatrici. Alla domanda: cosa avrebbero fatto qualora fosse toccato a loro uccidere, uno dei due risponde che nessuno avrebbe potuto mai rifiutarsi, tanto grande era il timore di dimostrarsi inadeguati e tanto forte era il clima di totale obbedienza in cui erano stati educati.[24]

Lo stesso argomento viene approfondito anche nell'ottimo docufilm di Stefan Ruzowitzky, *Das radikal Böse* (2013), il cui titolo è una citazione da Hannah Arendt qui contrapposta al "male banale",[25] e in cui il regista cerca di comprendere e di spiegare come uomini per lo più giovani, ragazzi ordinari, abbiano potuto trasformarsi in autori di crimini efferati. Non criminali da scrivania come Adolf Eichmann, bensì veri e propri assassini, membri delle famigerate *Einsatzgruppen* che avevano il compito di "liquidare" ebrei e appartenenti ad altre etnie considerate inferiori, oppositori, persino interi villaggi nelle zone occupate nell'arco dell'Operazione Barbarossa e in generale nell'Europa orientale. Il risultato è un prodotto che si trova a metà strada tra film e documentario, in quanto vi sono da un lato attori che ripropongono scene di routine bellica e di crimini, mentre una voce fuori campo legge testimonianze da lettere, diari, atti processuali relativi ai soldati di questi plotoni di esecuzione; dall'altro vengono mostrati esperimenti di carattere sociopsicologico (Asch, Zimbardo, Milgram) e interviste con esperti di questo settore, che spiegano come la psiche umana, in determinate circostanze, sia in grado di adattarsi a situazioni estreme arrivando a compiere atti terribili in maniera pressoché automatica. Ciò che Ruzowitzky tra le altre cose riesce a sottolineare con forza è il contrasto netto che s'instaura tra le aspettative del lettore/spettatore di fronte alle frasi brutali contenute nelle corrispondenze dei soldati e la realtà fattuale (o comunque altamente verosimile) presentata nel documentario:

> Che mostri devono essere stati. Nel film però al loro posto si vede un soldato giovane, brufoloso, e bisogna rendersi conto che questi erano probabilmente ragazzi così, che non riflettevano, che credevano di doverlo fare perché si vergognavano di venire dispensati, che avevano imparato a obbedire. Questa è una scoperta che in tale misura solo il film può rendere possibile.[26]

Infine, per chiudere questa ricognizione dei più recenti film austriaci sull'Olocausto è assolutamente necessario segnalare *Murer. Anatomie eines Prozesses* di Christian Frosch. Il film, che fu realizzato grazie al supporto di numerose istituzioni cinematografiche austriache e in parte lussemburghesi, uscì nelle sale nel 2018, lo stesso anno del documentario di Ruth Beckermann sull'affare Waldheim, *Waldheims Walzer*. Al suo centro si trova la storia del processo farsa al criminale di guerra austriaco Franz Murer svoltosi a Graz nel 1963, che nonostante le prove schiaccianti e la presenza di numerosi testimoni venne giudicato innocente gra-

24. Nel 2015 questo lavoro è uscito anche come libro (con Dvd): Walter Manoschek, *«Dann bin ich ja ein Mörder!» Adolf Storms und das Massaker an Juden in Deutsch Schützen*, Göttingen, Wallstein Verlag, 2015.

25. Cfr. Hannah Arendt, *Denktagebuch 1950-1973*, a cura di Ursula Ludz e Ingeborg Nordmann, München-Zürich, Piper, 2002, vol. I, p. 7.

26. Stefan Ruzowitzky, *Das radikal Böse*, libretto del film, intervista a Stefan Ruzowitzky, p. 13.

zie all'abilità di un avvocato difensore senza scrupoli e al desiderio della politica austriaca di evitare un nuovo "caso Eichmann" tra le mura domestiche. In realtà Murer, che durante il periodo nazista era stato delegato alle questioni ebraiche nei territori baltici a Vilnius, dove era tristemente noto con l'appellativo di "macellaio di Vilnius", era già stato giudicato subito dopo la guerra a Graz, ed era stato consegnato alla giustizia sovietica che nel 1948 lo aveva condannato a 25 anni di carcere. Con lo *Staatsvertrag* del 1955, l'Unione sovietica restituì all'Austria i suoi criminali, e Murer, con la libertà accordatagli dallo Stato austriaco, poté ricominciare una nuova vita in Stiria diventando possidente terriero e politico locale (ÖVP). Solo nel 1962 Simon Wiesenthal lo scoprì per caso e lo riportò nuovamente in tribunale affinché scontasse fino in fondo la pena stabilita.[27]

Come già accaduto più di 20 anni prima con *Hasenjagd*, anche in *Murer* viene indagata non solo la colpa relativa ai fatti avvenuti durante il nazismo, bensì anche la colpa successiva di cui si macchiarono la società e la politica della Seconda repubblica austriaca, tacitamente alleatesi con i criminali e quindi divenute complici nell'insabbiamento della verità. Questo aspetto è tuttavia molto più forte in *Murer*, che, come recita il sottotitolo, è una vera e propria sezione anatomica del processo: in tutto il film non appare nessun flashback né vengono mai mostrati i crimini in questione, i quali però emergono con veemenza se possibile maggiore dalle numerose e meticolose deposizioni dei testimoni in ebraico, yiddisch o in un tedesco esitante – la mimesi linguistica è indubbiamente un altro punto di forza di questo film. La cura del dettaglio fa sì che *Murer* da una certa prospettiva mostri anche i tratti di un documentario, che in alcuni punti, proprio in forza della rappresentazione precisa, scientifica e quasi asettica, sembra ricordare *Shoah* di Claude Lanzmann. Un'opera dunque che senza servirsi di toni sensazionalistici presenta in maniera sobria e matura il dramma di chi davanti alla giustizia non trovò giustizia, e che al tempo stesso denuncia in maniera inequivocabile la falsa innocenza che l'Austria pretese per decenni.

4. *Conclusioni*

È difficile prevedere come si evolverà nei prossimi anni e decenni la cinematografia austriaca per quanto riguarda la rappresentazione della Shoah e la rielaborazione del passato nazionalsocialista. I prodotti degli ultimi anni si concentrano in particolar modo sull'esplorazione di vicende poco note (Rechnitz, Deutsch Schützen), sulle scoperte traumatiche nella storia famigliare (*Die Lebenden*, *Das Testament*), sulla denuncia del passato (*Murer*) e sulla *Täterforschung*, in particolar modo sull'analisi della psiche dei criminali (*Dann bin ich ja ein Mörder*, *Das radikal Böse*). Se *Murer* ha il merito di mettere definitivamente alla sbarra la passata connivenza della società austriaca con i crimini commessi durante il nazionalsocialismo, è forse *Das radikal Böse* il prodotto che mostra l'approccio più innovativo

27. Cfr. Simon Wiesenthal, *Doch die Mörder leben*, in «Der Spiegel», 33 (1967), pp. 52-65.

e – perché no? – anche più creativo in vista di produzioni future. Partendo dal presupposto che i sopravvissuti tra le vittime e i carnefici stanno scomparendo, che le loro testimonianze da un punto di vista storico, a distanza di molti anni, non sono prive di problematicità, e che tra i carnefici non molti sarebbero (o sarebbero stati) disposti a parlare apertamente di quanto commesso, il regista premio Oscar Ruzowitzky decide di abbandonare il primato dei testimoni e di affidarsi a documenti risalenti a circa 80 anni fa. Ma proprio questi documenti, in particolar modo le lettere e i diari, sono istantanee di alto valore grazie alle quali è possibile comprendere, o almeno tentare di comprendere, ciò che da un punto di vista odierno appare spesso incomprensibile: come persone ordinarie abbiano potuto commettere azioni "radicalmente malvagie", e più in generale come un «popolo così colto sia potuto scivolare nella barbarie».[28]

Infine, anche gli ultimi film sinora usciti, i primi degli anni Venti del nuovo millennio, *Schächten* (2022) e *Der Fuchs* (2022) possono essere ricondotti ai modelli sopra evidenziati, che sembrano caratterizzare la più recente rappresentazione cinematografica austriaca del passato nazionalsocialista. *Schächten*, di Thomas Roth, ambientato nell'Austria degli anni Sessanta, può essere considerato una variazione sul tema di *Murer*. Qui però il protagonista Victor, figlio di un commerciante tessile sopravvissuto all'Olocausto, dopo aver perso la fiducia nella giustizia, decide di prendere in mano la situazione e di dare personalmente la caccia all'ex ufficiale nazista Kurt Gogl, che aveva perseguitato la sua famiglia. Il film prende le mosse da fatti realmente accaduti: Gogl, come Murer, è un personaggio storico, e la figura del protagonista che cerca vendetta ha un modello reale nella storia di una famiglia ebraica viennese, anche se la caccia al criminale fa parte soltanto della finzione cinematografica. *Der Fuchs*, lavoro del giovane regista salisburghese Adrian Goiginger, è invece una fine analisi psicologica del rapporto istauratosi tra un soldato austriaco della Wehrmacht e una volpe. Ben lungi dal banalizzare la guerra e la dittatura, rappresentate in maniera estremamente lucida e cruda, questo film narra le vicende del bisnonno del regista, che dopo aver trascorso un'infanzia difficile nella poverissima campagna austriaca degli anni Venti ed essere stato abbandonato dai genitori per motivi economici, con l'arrivo del nazionalsocialismo viene inquadrato nella Wehrmacht e inviato in Francia. Introverso, insicuro, disadattato agli occhi degli altri soldati, il protagonista trova un'ancora di salvezza in un cucciolo di volpe, che accudisce come un figlio e porta con sé per circa un anno intero, fino a quando l'arrivo sul fronte russo non lo costringe a separarsene. Il legame con l'animale non solo gli impedisce di precipitare nell'abbrutimento della guerra, ma lo riavvicina al suo passato e lo aiuta a comprendere le dolorose cause che anni prima avevano spinto i suoi genitori a separarsi da lui. Con *Der Fuchs* Goiginger è riuscito a realizzare un quadro altamente elegiaco della propria storia famigliare, che al tempo stesso è un inno fortissimo ai legami inscindibili tra uomini, creature e natura.

28. Ruzowitzky, *Das radikal Böse*, p. 11.

Damiano Garofalo

La memoria della Shoah nel cinema est-europeo contemporaneo

1. *Premessa: una memoria comunicante*

Il cinema dell'Europa orientale ha avuto, tradizionalmente, un rapporto ambivalente con la memoria della Shoah. Se nella fase dell'immediato dopoguerra le cinematografie nazionali di questi paesi, per lo più sotto il dominio di governi comunisti, hanno preferito dimenticare le efferatezze compiute ai danni degli ebrei (spesso attuate con la collaborazione delle autorità e delle popolazioni locali), a partire dagli anni Sessanta è emersa una nuova generazione di autori e autrici (soprattutto provenienti dalle "nuove ondate", come quella polacca, ceca, ungherese) che, con l'obiettivo di fare i conti con il proprio passato, ha iniziato a trattare il tema della Shoah sul grande schermo.[1]

È proprio a questa tradizione cinematografica che si rifanno, in modo più o meno esplicito, una serie di registi che, successivamente al crollo del muro di Berlino e al superamento delle dinamiche ideologiche che avevano caratterizzato la Guerra fredda, hanno dato vita a una vera e propria ripresa d'interesse, trasversale a tutta l'Europa orientale, del tema della Shoah.[2] Se, nella maggioranza di questi film, la referenza estetica e contenutistica principale rimane quella del cinema est-europeo degli anni Sessanta, alcune di queste produzioni hanno finito per ibridare le singole caratteristiche dei cinema nazionali con uno stile sempre più internazionale, ora riconducibile alle tradizioni del cinema d'autore europeo, ora a quelle più marcatamente globali del cinema hollywoodiano.[3]

1. Secondo Guido Oldrini, questa generazione di giovani registi resta per lo più «impigliata» in un pessimismo di fondo che, di fatto, impedisce di proporre una «linea poetica autenticamente nazionale»: Guido Oldrini, *Il cinema nella cultura del Novecento. Mappa di una sua storia critica*, Firenze, Le Lettere, 2006, p. 358.

2. Per un approccio trasversale sulle tendenze storiche del cinema est-europeo, cfr. Dina Iordanova, *Cinema of the Other Europe. The Industry and Artistry of East Centrale European Film*, Londra-New York, Wallflower Press, 2003.

3. Su queste intersezioni tra locale e globale che coinvolgono il cinema europeo del nuovo millennio, cfr. Thomas Elsaesser, *European Cinema. Face to Face With Hollywood*, Amsterdam, Amsterdam University Press, 2005.

Si tratta di un percorso che attraversa diacronicamente più generazioni, che contribuiscono insieme a una sorta di "rinascita" del cinema est-europeo post-1989: una prima nata tra il 1945 e il 1960, una seconda tra il 1960 e il 1975, una terza tra il 1975 e il 1990. Queste tre generazioni, che avanzano frequentemente riflessioni sui rispettivi passati nazionali, riverberano una memoria della Shoah che, in un'area sempre più contaminata, si trasforma lentamente in una memoria est-europea comunicante.[4]

Non a caso, come osserva Pietro Masciullo, il cinema est-europeo contemporaneo rappresenta una «grande frontiera di sperimentazione linguistica e formale»: da un lato esso si confronta con la complessità dei percorsi democratici intrapresi negli ultimi anni, dall'altro produce discorsi transnazionali ormai ampiamente storicizzati. Si tratta dunque di un cinema che, alla luce delle costanti e inevitabili riflessioni con il passato comune di un'intera area geografica, finisce per raccontare personaggi dalla pericolante confusione identitaria, «tra memoria condivisa ed erranza privata».[5] Quello est-europeo, insomma, è un cinema che oggi più che mai dialoga apertamente con il problema della memoria, e che trova nei festival internazionali dei luoghi di circolazione privilegiata.

In questo saggio, dunque, prenderemo in esame tre film considerati esemplificativi non tanto di tre cinematografie nazionali (Polonia, Ucraina, Ungheria) ma di tre modi diversi, antitetici ma complementari, di relazionarsi comunemente alla memoria della Shoah. Il primo film è *Ida* (2013, Paweł Pawlikowski), che affronta il tema in retrospettiva, indagando la perdita della memoria e la crisi identitaria di due donne nella Polonia degli anni Sessanta; il secondo, *Il figlio di Saul* (*Saul Fia*, 2015, László Nemes), racconta l'orrore dei Sonderkommando dall'interno, ridiscutendo provocatoriamente la soglia dell'indicibile adorniano; il terzo, *Austerlitz* (2016, Sergei Loznitsa), propone invece una riflessione sulla mercificazione della memoria (i lager trasformati in parchi divertimento) utilizzando la forma documentaria. Presentati tutti e tre in occasione di importanti festival europei e internazionali, questi film sono anche specchio delle tre diverse generazioni (Pawlikowski 1957, Loznitsa 1964, Nemes 1977) che decidono di affrontare, da prospettive difformi, la persistenza della Shoah nella memoria comunicante dell'Europa orientale.

2. *Crisi identitarie:* Ida

Co-produzione europea a maggioranza polacca, *Ida* viene presentato nell'autunno del 2013 in decine di festival internazionali, prima di uscire nelle sale di tutto il mondo tra la fine dell'anno e la prima metà del 2014, vincendo l'anno successivo

4. Su questa tendenza, cfr. Ewa Mazierska, *The East Meets the West in Contemporary Eastern European Films*, in *European Cinema and Television*, a cura di Ib Bondebjerg, Eva Redvall Nordrup e Andrew Higson, London, Palgrave Macmillan, 2015.

5. Pietro Masciullo, *Europa. Identità in transito*, in *Il cinema del nuovo millennio. Geografie, forme, autori*, a cura di Alessia Cervini, Roma, Carocci, 2020, pp. 127-146 (citazioni a pp. 130, 136).

il premio Oscar come miglior film straniero. Si tratta di un film che, seppur ambientato negli anni Sessanta, è a tutti gli effetti un Holocaust film in quanto rientra nella lunga tradizione di quelle pellicole che affrontano la memoria della Shoah, potremmo dire, dallo specchietto retrovisore. Nello specifico, la storia è ambientata nella Polonia del 1961 e racconta le vicende di Anna, una ragazza orfana di entrambi i genitori, novizia in un convento cattolico. Poco prima di prendere i voti, Anna apprende di avere una zia e decide di farle visita. A Łodz, conosciuta la zia Wanda, Anna scopre di essere ebrea, di chiamarsi Ida, e di essere stata nascosta nel convento dai genitori per scampare dalle deportazioni anti-ebraiche del 1943. Le due donne partono così per un viaggio verso il paese dove Wanda è cresciuta e ha lasciato la sorella per unirsi alla resistenza polacca, e dove Ida è stata separata alla nascita dai genitori, morti entrambi successivamente alle persecuzioni.

Paweł Pawlikowski decide di trattare la memoria della Shoah da una prospettiva specificamente polacca, evocando le persecuzioni anti-ebraiche come un'opportunità per raccontare due crisi identitarie: quella di una donna (Wanda) che ha lasciato la sua famiglia per abbracciare un ideale politico, e quella di una ragazza (Anna/Ida) costretta a mettere in discussione la sua identità (e la sua fede) di fronte alla presa di coscienza delle proprie origini. Si tratta, metaforicamente, della rievocazione dei fantasmi di un passato doloroso, quello delle responsabilità nazionali nella Shoah, che aleggiano nella società polacca del dopoguerra come ricordi ossessivi. Mentre Anna/Ida si trova sulla soglia tra identità cattolica (e polacca) e quella ebraica, Wanda rappresenta non solo l'esperienza della resistenza polacca al nazismo, ma anche le difficoltà nazionali di affrontare la memoria dell'era sovietica. Come ha osservato Tobias Ebbrecht-Hartmann, essendo ambientato in un'epoca segnata «dall'agonia dello stalinismo», il film introduce un ulteriore strato di ricordi contrastanti, perché combina

> i ricordi polacchi dell'occupazione nazista, della resistenza e della collaborazione con gli anni del dopoguerra comunista e l'esperienza della disillusione, così come le ambigue e traumatiche memorie ebraiche della guerra e del dopoguerra [...] fino alla nuova ondata di antisemitismo promossa dal Governo alla fine degli anni Sessanta.[6]

Come un percorso a ritroso all'interno della storia polacca, il film segue dunque la struttura investigativa di un racconto a metà tra il giallo e il *road movie*: l'obiettivo delle due donne è quello di ricomporre un mosaico fatto di ricordi contrastanti, tracce identitarie ambigue, posizioni ideologiche confuse e irrisolte. L'utilizzo del bianco e nero richiama, da un lato, la volontà di storicizzare le immagini presentate, finendo per conferire una valenza documentaria alla finzione sullo stile di un modello già testato da Steven Spielberg in *Schindler's List* (1993) – e ripreso da decine di *Holocaust film*, o anche solo film storici, successivi –, dall'altro

6. Tobias Ebbrecht-Hartmann, *Locked Doors and Hidden Graves. Searching the Past in* Pokłosie, Sarah's Key *and* Ida, in *Holocaust Cinema in Twenty-First Century. Memory, Images, and the Ethics of Representation*, a cura di Gerd Bayer e Oleksandr Kobrynskyy, London-New York, Wallflower Press, 2015, pp. 141-160 (citazione a pp. 153-154).

testimonia l'universo di referenze cinematografiche che il regista vuole rievocare, ovvero quello del cinema d'autore europeo degli anni Sessanta.

Questo espediente – unito al rigore della messa in scena, all'utilizzo della macchina statica e all'adozione del bianco e nero – rende palesi le referenze all'universo del Nuovo cinema polacco che molto ha affrontato, negli anni Sessanta, il tema ingombrante della memoria della Shoah. Anche da un punto di vista contenutistico, e di conseguenza politico, la volontà di Pawlikowski è quella di porsi al di fuori sia della generale cristianizzazione della memoria della Shoah, largamente affermatasi tra gli strati di una società polacca di origine tradizionalista, conservatrice e antisemita, sia dalla politicizzazione della memoria finalizzata all'esaltazione dell'eroismo polacco e alla costruzione di un martirologio pubblico su scala nazionale portata avanti dalla cultura comunista del dopoguerra. È indubbio, in questo senso, il richiamo ad autori come Wanda Jakubowska, Aleksander Ford, Andrzej Munk e Andrzej Wajda che, pur risentendo del clima fortemente ideologizzato della Polonia di quegli anni, hanno avuto il merito di porre all'attenzione del pubblico polacco – e, più in generale, est-europeo – una nuova "questione ebraica" in maniera del tutto depoliticizzata.[7]

Lo stile visivo di Pawlikowski si allinea, tuttavia, a un generale approccio pessimistico alla storia nazionale: il disagio nei confronti delle cicatrici del passato, che tornano nel presente sotto forma di ricordi repressi, è esplicitato dalla continua collocazione dei personaggi ai margini dell'inquadratura, sulla cornice di un paesaggio con il quale finiscono per fondersi. Prima di arrivare nel luogo che custodisce il segreto della loro famiglia, le due donne attraversano una distesa di betulle che rimanda al bosco di Birkenau già filmato da Claude Lanzmann nel suo *Shoah* (1985), diventando così parte della memoria e dell'immaginario dello sterminio.[8]

Alla fine del viaggio, la riesumazione dei cadaveri dei parenti sembra un atto di dolore dominato dall'ansia e dalla disillusione. L'intensità del momento è suggellata dal successivo seppellimento delle ossa e dei resti dei corpi in un cimitero ebraico, dove le due donne vagano all'alba. Sembra un atto di purificazione comune per Wanda e Anna/Ida, un modo per dare finalmente forma a un lutto. Le due donne, tuttavia, finiscono per affrontare il trauma in modo diametralmente opposto: se per la prima si tratta della catarsi conclusiva di un viaggio verso un passato irrisolto venuto finalmente in superficie (che la conduce verso un suicidio quasi inevitabile), per la seconda rappresenta una forza motrice che la costringe a fare i conti con la sua identità multipla, e dunque a compiere una scelta. Si tratta, metaforicamente, degli esiti della memoria della Shoah su due

7. Sulla rappresentazione della Shoah nel cosiddetto Nuovo cinema polacco, cfr. Marek Haltof, *Polish Film and the Holocaust. Politics and Memory*, Oxford, Berghahn, 2012, pp. 74-114. Sulla tradizione letteraria del nuovo cinema polacco degli anni Sessanta, cfr. Alexandra Sosnowski, *Cinema in Transition: The Polish Film Today*, in «Journal of Popular Film & Television», 24/1 (1995), pp. 315-329.

8. Su questa analogia si veda Graham Fuller, *Ida*, in «Film Comment», maggio-giugno 2014, p. 71.

diverse generazioni di polacchi, costrette a fare i conti con il trauma della storia e con le loro diverse responsabilità.

3. *Fuori campo:* Il figlio di Saul

Il figlio di Saul è l'opera prima del regista ungherese László Nemes. Presentato in concorso al Festival di Cannes nel 2015, dove vince il Grand Prix Speciale della Giuria, il film ottiene anche il Golden Globe e il premio Oscar come miglior film straniero nel 2016. Si tratta, insomma, di una produzione autenticamente europea che, così come *Ida*, ha trovato un discreto successo di critica e pubblico in ambito internazionale, in particolare negli Stati Uniti.

Il film è ambientato all'interno del campo di Auschwitz-Birkenau, e racconta il lavoro dei cosiddetti Sonderkommando: prigionieri ebrei incaricati della gestione quotidiana delle camere a gas e dei forni crematori. Il loro compito è quello di mantenere l'ordine tra i nuovi prigionieri che arrivano al campo, accompagnare coloro che vengono "selezionati" per lo sterminio negli spogliatoi, prelevare gli oggetti di valore tra i loro beni, condurli con l'inganno verso le camere a gas, prelevare i cadaveri e portarli fino ai forni crematori, infine smaltire le ceneri umane. I membri del Sonderkommando operano, insomma, all'interno di quella che Primo Levi ha definito «zona grigia», ovvero quel campo di intersezione tra bene e male in cui il potere si esercita sotto forma di privilegi. Con questa fortunata formula, apparsa per la prima volta ne *I sommersi e i salvati*, Levi intende dare risalto a «una struttura interna incredibilmente complicata», che «alberga in sé quanto basta per confondere il nostro bisogno di giudicare».[9] Ed è proprio intrappolato in quel punto di contatto tra vittime e carnefici che lavora Saul Ausländer, ebreo ungherese membro del Sonderkommando, protagonista del film di Nemes.

Un giorno, mentre "ripulisce" le camere a gas dai cadaveri, Saul scopre che un giovane ragazzo è miracolosamente riuscito a sopravvivere allo Zyklon B, prima di venire però soffocato a morte da un medico delle SS. Da quel momento, Saul decide di rivendicare quel ragazzo come suo figlio, e ne nasconde il corpo. Inizia, dunque, a cercare un rabbino all'interno del campo per concedere al presunto figlio una degna sepoltura. Questo atto di umanità gli permetterebbe di uscire dal limbo della zona grigia cui è costretto: si tratta, a ben vedere, di un gesto simbolico di resistenza che prescinde dalla reale corrispondenza tra il corpo del ragazzo e il vero figlio di Saul. Nella narrazione di questo viaggio catartico e universale, Nemes finisce per mettere in scena alcune testimonianze reali tratte dai racconti di sopravvissuti: dalle famose fotografie scattate furtivamente ai corpi bruciati all'esterno di uno dei crematori di Birkenau, fino a una delle rivolte dei membri del Sonderkommando nel 1944.[10]

9. Primo Levi, *I sommersi e i salvati*, Torino, Einaudi, 1986, pp. 27-29.

10. Per le testimonianze più importanti, cfr. *La voce dei sommersi. Manoscritti ritrovati di membri del Sonderkommando di Auschwitz*, a cura di Carlo Saletti, Venezia, Marsilio, 1999, pp.

La prima vicenda è, in particolare, al centro del celebre saggio di Georges Didi-Huberman, *Immagini, malgrado tutto*, con cui il film finisce intenzionalmente per dialogare a distanza.[11] Se nel saggio di Didi-Huberman, infatti, quelle immagini vengono mostrate, discusse, utilizzate in chiave filosofica, il film di Nemes si limita a mostrarne l'estemporaneo processo di produzione, senza tentarne un'ulteriore messa in scena. Si tratta delle uniche fotografie esistenti, scattate dall'interno delle camere a gas del complesso concentrazionario di Auschwitz-Birkenau, che documentano visivamente una delle procedure connesse alle pratiche di sterminio di massa attuate nel lager. Sono immagini che esistono e resistono in quanto testimonianze, malgrado tutti i tentativi dei nazisti di eliminarle. Nemes decide, dunque, di svelare cosa si cela dietro la produzione di quelle immagini, ricostruendo l'episodio reale del ritrovamento di una macchina fotografica all'interno del lager, ma rendendo il personaggio (di finzione) di Saul protagonista della vicenda: è proprio lui, infatti, a fotografare assieme a un altro detenuto i cadaveri in fiamme dal rifugio di fronte il capannone adiacente. Il fatto che il protagonista del film impersonifichi l'anonimo fotografo, partecipando così alla costruzione dell'immaginario dello sterminio, costringe lo spettatore, per usare le parole di Nemes stesso, a «mettere in discussione lo statuto della rappresentazione» di quelle stesse immagini».[12]

Così come il saggio di Didi-Huberman, il film di Nemes mette dunque in discussione la retorica dell'indicibilità che ha accompagnato per diversi decenni le principali teorie sulla rappresentazione della Shoah, e che ha visto in Claude Lanzmann il suo più fedele sostenitore in campo cinematografico.[13] Ma, più che confutarla del tutto, Nemes finisce per complicarla. Ed è forse, proprio per que-

117-119. Per un racconto più specifico da parte di un sopravvissuto italiano, si veda Shlomo Venezia, *Sonderkommando Auschwitz*, Milano, Bur, 2007.

11. Cfr. Georges Didi-Huberman, *Immagini malgrado tutto*, Milano, Cortina, 2005 (ed. or. 2003). Per ricostruire il dialogo a distanza tra Nemes e Didi-Huberman, si segnala una lunga lettera aperta indirizzata al regista da parte del filosofo francese, G. Didi-Huberman, *Sortir du noir*, Paris, Editions de Minuit, 2015, e un'intervista con il critico cinematografico Antoine de Baecque, pubblicata nel pressbook americano del film, in cui Nemes ha dichiarato il suo debito nei confronti di Didi-Huberman, cfr. Antoine de Baeque, *Interview with László Nemes*, disponibile al link https://www.sonyclassics.com/sonofsaul/sonofsaul_presskit.pdf. Per una lunga ricognizione del dialogo teorico tra Didi-Huberman e Nemes, cfr. Michele Guerra, *Il limite dello sguardo. Oltre i confini delle immagini*, Milano, Raffaello Cortina, 2015, pp. 67-89.

12. De Baecque, *Interview with László Nemes*.

13. Quando si parla di indicibilità della Shoah viene spesso citato il celebre paradigma proposto da Theodor W. Adorno circa l'impossibilità della cultura di rappresentare lo sterminio del popolo ebraico. La frase attribuitagli, «Scrivere una poesia dopo Auschwitz è un atto di barbarie», è stata ampiamente strumentalizzata dagli intellettuali del dopoguerra. Per le più importanti posizioni intellettuali in questo senso, cfr. George Steiner, *Language and Silence*, London, Faber and Faber, 1985, ed Eli Wiesel, *Signes d'exode*, Paris, Grasset, 1985. Per una ricostruzione del dibattito in relazione alla cultura visuale, cfr. Andrea Minuz, *Trauma, melodramma, memoria. Percorsi nel cinema della Shoah*, in *Shoah, modernità e male politico*, a cura di Renata Badii e Dimitri D'Andrea, Milano-Udine, Mimesis, 2014, pp. 281-293. Le posizioni di Lanzmann sono ampiamente discusse (e parzialmente confutate) in Matthew Boswell, *Holocaust Impiety in Literature, Popular Music and Film*, New York, Palgrave Macmillan, 2012.

sto, che Lanzmann ha ammesso di aver apprezzato il film.[14] Una delle particolarità, infatti, risiede nel fatto che la morte, pur accompagnando costantemente Saul nel suo viaggio interiore nel lager, è quasi sempre sfocata o presentata fuori campo. Oltre a costringere lo spettatore a una riflessione etica ed estetica sulla (non) rappresentazione della morte, la sfocatura rimanda inevitabilmente allo statuto testimoniale delle foto, anche quelle sfocate, scattate dai membri del Sonderkommando. Riprendendo ancora una volta Didi-Huberman, si tratta in entrambi i casi di «immagini-panico», frammenti clandestini che sfuggono alla sorveglianza e che seguono la paura come «veicolo visivo».[15]

Utilizzando riprese molto strette sul corpo di Saul, oltre ai primi piani sul suo volto posti in risalto dall'utilizzo del formato 4:3, Nemes decide di controllare ossessivamente la direzione dello sguardo dello spettatore, cui suggerisce sempre dove/cosa guardare. Questo meccanismo di empatia forzata genera un processo di allineamento dello sguardo tra spettatore e protagonista, aumentato sia dalla frequenza di inquadrature lunghe e piani sequenza, sia da semi-soggettive che avvicinano soggetto osservante e oggetto osservato in una relazione a tratti disturbante. Come ha osservato Chari Larsson, mantenendo il contesto circostante quasi sempre fuori fuoco Nemes sollecita il nostro desiderio voyeuristico di guardare, lasciandolo costantemente frustrato e mantenendo i corpi sullo sfondo, astratti e sfocati: per questo, «il desiderio dello spettatore di assumere la padronanza della scena è negato dall'effetto di sfocatura».[16]

Facendo di questa storia l'oggetto del *Figlio di Saul*, Nemes finisce per inglobare nel suo film decenni di riflessioni teoriche sulla rappresentazione della morte e sul rapporto tra la Shoah e la cultura visuale. L'ambizione del film è proprio quella di aggiornare questo dibattito, fornendo non tanto un'illustrazione, quanto un'integrazione e un aggiornamento del saggio di Didi-Huberman. Privilegiando le immagini sulla parola, insomma, il film invita lo spettatore a non rinunciare mai alla propria responsabilità etica di non distogliere lo sguardo di fronte all'orrore.

4. *Immagini mancanti:* Austerlitz

Austerlitz è il nome di un villaggio della Moravia, divenuto celebre per la vittoria di Napoleone nella battaglia «dei tre imperatori», combattuta nel dicembre del 1805 contro un esercito congiunto di russi e austriaci. Ma Austerlitz è soprattutto il protagonista che dà il nome al quarto e ultimo romanzo dello scrittore tedesco W. G. Sebald, che racconta la storia di un professore di storia dell'architettura, interessato a studiare tutti quei luoghi pubblici carichi di significati visionari, simbolici

14. Cfr. l'intervista a Lanzmann in Mathilde Blottière, *Claude Lanzmann:* Le Fils de Saul *est l'anti* Liste de Schindler, in «Télérama», 25 maggio 2015.

15. Didi-Huberman, *Sortir du noir*, p. 30.

16. Chari Larsson, *Making Monsters in Lászlo Nemes'* Son of Saul, in «Senses of cinema», 81 (2016): http://www.sensesofcinema.com/2016/feature-articles/son-of-saul/#fnref-28598-22.

e memoriali, come le stazioni, le prigioni, le caserme, oggetto di peregrinazioni erudite ottocentesche.[17] A quest'ultimo è idealmente ispirato il documentario del regista ucraino (ma di origini bielorusse) Sergei Loznitsa, presentato fuori concorso nel 2016 alla 73esima Mostra Internazionale d'Arte Cinematografica di Venezia, intitolato proprio *Austerlitz*. Ma cosa ha a che fare un documentario sul lager di Sachsenhausen con il romanzo di Sebald, tanto da prenderne il nome?

L'*Austerlitz* di Sebald non conosce le sue origini. Così, decide d'intraprendere un viaggio nella sua memoria, sulle tracce della propria identità. Attraverso la visita di luoghi evocativi e la visione di oggetti, fotografie e filmati, scoprirà presto di essere arrivato a Londra, da piccolo, durante la Seconda guerra mondiale, mentre i suoi genitori venivano deportati da un convoglio verso lo sterminio. Dopo aver visto frammenti del famoso video di propaganda, girato dai nazisti nel ghetto "modello" di Theresienstadt[18] nell'attuale Repubblica Ceca, osserva come le figure imprigionate in quelle immagini avessero «perso la loro nitidezza e, soprattutto nelle scene girate fuori alla chiara luce del giorno, risultavano confuse ai margini, come i contorni della mano nelle fotografie fluidali e nelle elettrografie realizzate da Louis Darget verso la fine del secolo», impregnate «di un bianco luminoso».[19] Sembra quasi di poter leggere tra queste righe, ma con quindici anni di anticipo, l'approccio estetico che muove Sergei Loznitsa dalla prima all'ultima inquadratura del suo documentario.

Austerlitz ci porta dentro il memoriale di Sachenhausen, ex-lager a pochi chilometri da Berlino. Non il campo più importante dell'universo concentrazionario nazista, ma certamente tra i più evocativi per varie ragioni. Innanzitutto la forma: un triangolo equilatero, all'interno del quale tutti gli edifici sono situati su una perpendicolare in modo simmetrico.[20] Con l'idea di decostruire la geometria nazista, Loznitsa colloca nel campo una macchina da presa, sempre fissa, che da varie angolazioni scavalla con consuetudine l'asse con i soggetti rappresentati. L'occhio, però, non è mai diretto ai resti del campo o ai monumenti, già costruiti pochi anni dopo la liberazione dello stesso, avvenuta nell'aprile del 1945 per mano dell'Armata rossa. Il regista ucraino si dimostra, di contro, interessato esclusivamente a quel turismo di massa che, ormai da anni, riempie i principali luoghi della memoria dello sterminio nazista.[21]

Loznitsa filma asetticamente, in 33 inquadrature fisse e in bianco e nero, i turisti della memoria provenienti da tutto il mondo, come fossero i deportati

17. Winfried G. Sebald, *Austerlitz*, Milano, Adelphi, 2002 (ed. or. 2001).

18. Cfr. Benjamin Murmelstein, *Terezin. Il ghetto-modello di Eichmann*, Bologna, Cappelli, 1961.

19. Sebald, *Austerlitz*, p. 263.

20. Cfr. *Il campo di concentramento di Sachsenhausen 1936-1945: avvenimenti e sviluppi*, a cura di Günter Mosch e Astrid Levy, Berlin, Metropoli, 2013.

21. Sulle pratiche turistiche connesse alla memoria della Shoah, cfr. Tim Cole, *Selling the Holocaust. From Auschwitz to Schindler*, New York, Routledge, 2000. Per una riflessione più aggiornata, Daniel P. Reynolds, *Postcards from Auschwitz: Holocaust Tourism and the Meaning of Remembrance*, New York, New York University Press, 2018.

raccontati dall'*Austerlitz* di Sebald. Se dalle prime immagini facciamo fatica a collocarci in un contesto specifico, dopo otto minuti ci viene sbattuto in faccia un cancello, con la solita frase: «Arbeit Macht Frei». La scritta richiama quella che campeggia l'ingresso del ben più noto lager di Auschwitz, rievocato anche dall'assonanza con il titolo del film. Il cancello di Sachsenhausen viene qui mostrato in campo e controcampo, varcato da decine di persone con audioguide all'orecchio, macchine fotografiche al collo, GoPro e smartphone di ultima generazione in mano, oppure collocati all'estremità dei sempre più diffusi *selfie stick*, pronti a scattare immagini che saranno pubblicate sui social network, testimonianze fotografiche di un lager che, a settant'anni di distanza, si riempie di nuovo.

Il regista non muove mai la macchina da presa e non indugia, in nessun caso, sui volti delle persone, alcuni visibilmente scossi (pochi), altri divertiti come fossero in visita a Disneyland. Loznitsa si ferma a osservare dagli angoli del campo, aspettando lunghissimi minuti che qualcuno passi di lì. Raramente entra dentro ciò che rimane o è stato ricostruito delle strutture del lager, visitate in coda dai turisti: li attende all'uscita, inquadrando i loro movimenti attraverso porte e finestre. Li segue, poi, all'esterno, mentre passano accanto o (quasi) attraverso la telecamera, in gruppi o singolarmente. Le poche informazioni storiche sul campo ci vengono fornite indirettamente dalla voce delle guide, che raccontano ai turisti, in tutte le lingue possibili, cosa è successo entro quei confini. La Babilonia di oggi è la stessa di ieri, e la sottile analogia tra i turisti del presente (che riempiono un campo già svuotato, settant'anni fa, dalla morte di massa) e i deportati del passato (solo a Sachsenhausen sono morti in 30.000) ci disturba e ci scuote. Come ci scuotono le centinaia di recensioni su Tripadvisor dei memoriali della Shoah, situati in ciò che resta dei campi di concentramento e sterminio di tutta Europa, dove gli stessi utenti finiscono per trasformare il lager in un parco a tema o un ristorante, da valutare con un voto da uno a cinque stelle.[22]

Nell'osservare il gironzolare di questi corpi-zombie all'interno del parco della memoria che è diventato il lager di Sachsenhausen viene in mente il film che più di tutti ha ragionato sulla mercificazione del passato in un parco divertimenti a tema, ovvero Jurassic Park (1993, Steven Spielberg). Come ha notato Massimo Causo, nel film di Spielberg come in quello di Loznitsa osserviamo «corpi chiamati a raccolta per celebrare la memoria fuori dal Tempo, figure vacanziere col naso in su, in mano il biglietto d'ingresso per lo spettacolo del passato».[23] A un certo punto passa davanti alla macchina da presa, come fosse un fantasma, un uomo con la maglietta di *Jurassic Park*, quasi a confermare i rimandi tra Spielberg e Loznitsa in modo fin troppo didascalico, ma non per questo innaturale. L'utilizzo del bianco e nero storicizza le immagini del presente e richiama l'archivio dei più noti repertori della Shoah, tradizionalmente filmata in bianco e nero, ma soprattutto quel paradigma

22. Su questa tendenza si veda Andrea Minuz, *«Se questo è un viaggio». Auschwitz nelle recensioni su Tripadvisor*, in «Fattore Erre», 26 gennaio 2014.

23. Massimo Causo, *24 fotogrammi da Austerlitz*, in «Sentieri Selvaggi», 3 febbraio 2017: https://www.sentieriselvaggi.it/blog-visioni-24-fotogrammi-da-austerlitz/.

dell'Olocausto cinematografico contemporaneo che è *Schindler's List*.[24] Così come Spielberg, anche Loznitsa decide di non varcare mai la soglia della camera a gas. Rimane fuori, un po' per ossequio e un po' per voyeurismo, a osservarla dal buco della serratura (in questo caso una porta aperta sull'esterno).[25] Dentro, intravediamo le sagome dei turisti in visita, accalcati l'uno sull'altro, smaniosi di fissare sulle loro fotocamere l'autenticità perduta di un'*immagine mancante*, per richiamare una fortunata formula di un famoso film del regista cambogiano Rithy Panh. Questo approccio alla forma statuale delle immagini, come ha osservato Michele Guerra, finisce per mostrare «come cambia il nostro comportamento nel tempo dell'immagine a tutti i costi, del gesto inconsulto del riprodurre ogni cosa, nella rinuncia a intravedere».[26] Posti di fronte all'impossibilità di distogliere lo sguardo, anche noi cerchiamo di scrutare qualcosa da fuori, ma non riusciamo a vedere niente. Ciò che ci è dato osservare, così come nel resto della "visita", sono i turisti che fotografano, ma non l'oggetto del loro scatto (e qui torniamo, paradossalmente, a Nemes). Lentamente, in un interminabile viaggio di ritorno, siamo poi ricondotti all'uscita. Dopo circa 90 minuti e 32 inquadrature fisse, i cancelli del campo si riaprono, in quella che è la sequenza più lunga di tutto il film. I turisti/deportati possono finalmente uscire da dove sono entrati, e noi con loro, dopo averli osservati di nascosto dallo spioncino dello schermo.

5. *Conclusione: un possibile percorso trasversale*

Come abbiamo visto, i tre film analizzati utilizzano tre modalità di messa in scena molto diverse tra loro. Se i primi due sono inequivocabilmente racconti di finzione con una propria drammaturgia interna (anche se *Il figlio di Saul* rimanda a vicende realmente accadute), *Austerlitz* è invece un documentario anomalo, che assume le forme di un vero e proprio film-saggio. Il film di Pawlikowski e quello di Loznitsa condividono l'utilizzo di un bianco e nero che ha la doppia funzione di estetizzare e storicizzare, ma il secondo è molto più vicino al film di Nemes nella capacità di rilanciare questioni teoriche relative sia alla rappresentazione che alla costruzione della memoria della Shoah. In tutti e tre i film, lo stile utilizzato richiama quello del cinema d'autore degli anni Sessanta: non solo per

24. Per la centralità di *Schindler's List* nella costruzione di un immaginario globale della Shoah, cfr. Andrea Minuz, *La Shoah e la cultura visuale. Cinema, memoria, spazio pubblico*, Roma, Bulzoni, 2010. Sulle referenze del film nella cultura popolare, cfr. Damiano Garofalo, *Red Coat Reloaded: «Schindler's List», l'immaginario della Shoah e la cultura pop*, in *Popshoah? Immaginari del genocidio ebraico*, a cura di Francesca Romana Recchia Luciani e Claudio Vercelli, Bari, Il Melangolo, 2016, pp. 171-186.

25. Sul motivo *voyeur* dello spioncino della camera a gas, cfr. Libby Saxton, *Haunted Images. Film, Ethics, Testimony and the Holocaust*, Londra-New York, Wallflower Press, 2008, pp. 68-91, e Barry Langford, "*You Cannot Look At This: Thresholds of Unrepresentability in Holocaust Film*", in «Journal of Holocaust Education», 8/3 (1999), pp. 23-40.

26. Guerra, *Il limite dello sguardo*, p. 15.

l'adozione congiunta di una fotografia in bianco nero e della macchina fissa (*Ida* e *Austerlitz*), ma anche per l'utilizzo della macchina a mano, delle sfocature e dei lunghi piani sequenza (*Il figlio di Saul*). Inoltre, in tutti e tre i casi abbiamo evocato i continui rimandi, più o meno espliciti, a quello che rappresenta, dal 1989 a oggi, il paradigma della rappresentazione della Shoah sullo schermo: *Schindler's List*. Questa commistione di referenze, tra cinema d'autore europeo e dimensione globale del cinema hollywoodiano (o forse dovremmo dire spielberghiano), la ritroviamo del resto nei percorsi di circolazione dei tre film: presentati in anteprima a festival cinematografici internazionali (*Ida* a Telluride, *Il figlio di Saul* a Cannes, *Austerlitz* a Venezia), tutti hanno visto proprio nei film festival dei passaggi essenziali per garantirsi una distribuzione internazionale. Successivamente, due di questi sono stati premiati come miglior film straniero agli Oscar (*Ida* nel 2015 e *Il figlio di Saul* nel 2016), mentre *Austerlitz*, proprio in virtù della sua natura di film-saggio, ha seguito una sua circolazione *non-theatrical* e più di nicchia, soprattutto presso Università, centri di ricerca e istituti di cultura internazionali. Oltre alle tendenze stilistiche e ai percorsi di circolazione, ad accomunare i tre film vi è anche questo continuo bisogno di dialogare con, e allo stesso tempo porsi costantemente al di fuori dei canoni dell'*Holocaust film*: *Ida*, *Il figlio di Saul* e *Austerlitz* sono sì parte di una riflessione congiunta sul senso, nel presente, di una memoria comunicante est-europea della Shoah, ma sono anche tre profonde meditazioni, autonome e tra loro divergenti, sulla natura delle immagini del passato e sulla loro funzione teorica per spiegare il presente.[27]

27. Si segnala che porzioni di questo contributo sono state presentate in alcuni eventi e pubblicate online in accesso aperto.

Claudia Gina Hassan

Israele, il cinema e la Shoah

La costruzione della memoria della Shoah è stata complessa e articolata, non priva di ambivalenze e ritardi, con caratteristiche specifiche negli Stati Uniti, in Europa e in Israele. Nonostante il legame con la Shoah in Israele sia stato fondativo e profondamente traumatico, [1] il suo racconto è segnato da pluridimensionalità, da dinieghi ed evitamenti che ne confermano infatti la ferita profonda.

Il discorso pubblico e politico collegava direttamente la rinascita dello Stato ebraico a un passato glorioso, realizzando un salto storico non nominato.[2] Con la Shoah venivano cancellati duemila anni di vita ebraica, perché la storia voleva solo eroi e poteva essere solo quella di un popolo, di una nazione e non di individui diasporici.[3] L'esigenza era quella di inventare un mondo nuovo, lontano dall'anormalità della diaspora che aveva portato alla distruzione del popolo ebraico.

Se senza ombra di dubbio la memoria della Shoah si può considerare parte integrante dell'identità israeliana, in maniera altrettanto certa possiamo affermare che questa memoria è stata specchio della società israeliana, dei suoi cambiamenti ma anche delle sue contraddizioni. Il cinema ha puntualmente rappresentato questi mutamenti limitandosi a registrarli senza essere apripista di nuove prospettive. Le varie fasi della storia della memoria della Shoah corrispondono così alle varie fasi del cinema israeliano e della rappresentazione della Shoah attraverso il cinema.

Come nell'elaborazione memoriale europea e americana il processo Eichmann segnò uno spartiacque, così anche in Israele si fece spazio una nuova centralità della figura del sopravvissuto e del testimone.[4] Se in Europa e negli Stati Uniti c'era un eloquente silenzio, in Israele nell'arena politica emerse la figura eroica del pioniere, dell'uomo nuovo israeliano non solo rispetto al sopravvissuto, ma soprattutto rispetto all'umiliazione dell'ebreo diasporico, e in questo modo l'ebreo che aveva combattuto in Europa si saldava a quello che lottava in

1. Sul ruolo della Shoah nel processo di formazione dell'identità nazionale israeliana: Idith Zertal, *Israele e la Shoah. La nazione e il culto della tragedia*, Torino, Einaudi, 2007.

2. Claudia Hassan, *Hurban. Shoah e rappresentazioni sociali*, Firenze, Libriliberi, 2016.

3. Cfr. le dichiarazioni di Ben Gurion in Zertal, *Israele e la Shoah*, p. 96.

4. Yechiam Weitz, *The holocaust on trial: The impact of the Kasztner and Eichmann trials on Israeli society*, in «Israel Studies», 1/2 (1996), pp. 1-26.

Israele.[5] In una seconda fase lo spazio pubblico incluse al suo interno un dialogo serrato con le vittime della Shoah e solo con la terza fase la figura del sopravvissuto riscattò la sua subalternità nei discorsi sullo stato-nazione conquistando piena cittadinanza nel discorso pubblico israeliano.[6]

Il cinema, come le altre forme artistiche, riflette così questa profonda aderenza al passato traumatico del popolo ebraico e del nuovo cittadino del giovane stato d'Israele.

1. *Cinema e identità nazionale*

Il cinema è allo stesso tempo specchio, memoria e coscienza di questo trauma ed esprime la complessità del processo di costruzione dell'identità nazionale. La condizione drammatica dell'Israele moderno s'interseca con la visione molteplice dell'identità ebraica e della sua storia.

Il primo filone di film israeliani noto come *shlihat hagolah* (negazione dell'esilio) dava una rappresentazione salvifica e paternalistica del Sabra,[7] il nativo israeliano, e del soldato rispetto alla vittima sopravvissuta dei campi: una scena esemplare è quella di apertura di un film uscito a ridosso della nascita dello stato ebraico (*Dim'at Hanekhamah Hagdolah*, 1947). La trasformazione delle vittime in persone felici a contatto con la vita sana del nuovo Stato è una caratteristica dei film ideologici fino agli anni Cinquanta. In molte pellicole significative sulla nascita dello Stato la Shoah è completamente assente, come in *Hill 24 doesn't answer* del 1955, primo lungometraggio diretto da Thorold Dickinson dove il vuoto narrativo può essere interpretato come un tentativo di concentrare l'identità nazionale su temi come il sacrificio collettivo, la costruzione dello Stato e la lotta per l'indipendenza, piuttosto che sul passato traumatico della diaspora ebraica.[8] In particolare, questa scelta riflette la tendenza iniziale del cinema israeliano a privilegiare la narrazione eroica, distanziandosi da immagini di vittimizzazione legate alla Shoah che avrebbero trovato spazio nel cinema solo più tardi, con un'evoluzione della percezione del tema e delle mentalità. Questo approccio cinematografico ha anche inavvertitamente emarginato le esperienze personali dell'Olocausto, creando un divario culturale tra i sopravvissuti e la società israeliana in generale.

La trasformazione del cinema israeliano nel tempo ha iniziato a incorporare più apertamente le narrazioni dell'Olocausto, bilanciando memoria individuale e

5. Idit Gil, *The Shoah in Israeli Collective Memory: Changes in meanings and Protagonists*, in «Modern Judaism», 32/1 (2012), pp. 76-101.

6. Yael Zerubavel, *The death of memory and the memory of death: Masada and the Holocaust as historical metaphors*, in «Representations», 45 (1994), pp. 72-100.

7. Liat Steir-Livny, *Near and far: The representation of Holocaust survivors in Israeli feature films*, in *Israeli Cinema: Identities in Motion*, a cura di Miri Talmon e Yaron Peleg, New York, University of Texas Press, 2011, pp. 168-180.

8. Nurith Gertz, Ella Shohat. *Israeli Cinema: East/West and the Politics of Representation*. London, I.B. Tauris, 2010.

collettiva. Non a caso molti studiosi[9] hanno sottolineato il rapporto dinamico tra memoria storica, identità culturale ed espressione artistica nella società israeliana.

Certamente, in questo sviluppo, il processo Eichmann segnò un cambio di passo in Occidente come in Israele nel racconto della memoria della Shoah. Tuttavia, nonostante la figura del testimone irruppe nella scena pubblica mondiale, il cinema israeliano si limitò a produrre pochissimi film immediatamente dopo il processo e tacque per quasi venti anni.[10]

Il significato di questo presunto silenzio è invece evidenziato nei documentari,[11] che riportano la vita dei sopravvissuti come un racconto speculare e contrario a quello dominante sulla vita della nuova nazione.

Tra i film, invece, che esprimono un punto di vista molto diverso dalla narrazione prevalente emerge, per qualità e originalità, *The Cellar* (*Hamartef*, 1963), diretto da Natan Gross, già deportato a Dachau. Quest'opera, che ha avuto una scarsa diffusione, esplora la condizione dei sopravvissuti in Israele tra fantasmi e traumi viventi; è uno dei primi film che tenta di analizzare la complessità della Shoah non semplicemente in chiave redentiva e politica rispetto al nuovo stato ebraico.[12] Molta filmografia precedente era in sostanza la narrazione dominante,[13] esplicita o tra le righe, e aveva una funzione culturale e politica di coesione e integrazione dei membri della società israeliana in una visione comune e condivisa che legittimava e ordinava. Una costruzione, insomma, che cercava di dare senso alla storia ebraica che ricorre sia nel cinema sia nella letteratura.

Invece nel film *The Cellar* i ricordi e la memoria riaffiorano costantemente nella vita del protagonista Emanuel attraverso continui flashback, soprattutto della notte dopo la liberazione dal campo di Dachau dove era stato deportato. Quella notte Emanuel scopre che la sua casa è abitata da un suo ex amico, divenuto nazista, e si rifugia nella cantina per paura di essere scoperto. Lì ritrova oggetti della sua famiglia, incluse alcune fotografie. Hans, il nuovo proprietario, scende nella cantina insospettito dai rumori e si sente un colpo di pistola. Non si capisce cosa sia successo, è una parte del film lasciata aperta, immersa in un'atmosfera indefinita che è segnata anche esteticamente da giochi di luci e ombre. Questo è uno dei pochi film israeliani ambientati nella Germania dell'epoca – tranne la fine, in cui ritroviamo il protagonista in Israele, dove vive – e che tratta direttamente il tema della Shoah e non della vita nuova dei sopravvissuti in Israele. *The Cellar*, considerato innovativo da tutta la critica e prodotto con un budget ridotto, si concentra dunque su una

9. Rachel Feldhay Brenner, *The Holocaust in Israeli Cinema as a Conflict between Personal and Collective Memory*, in «Shofar: An Interdisciplinary Journal of Jewish Studies», 28/4 (2010), pp. 33-53.

10. Yosefa Loshitzky, *Identity Politics on the Israeli Screen*, Austin, University of Texas Press, 2002, pp. 32-71.

11. Nurith Gertz, *The early Israeli Cinema as silencer of memory*, in «Shofar: An Interdisciplinary Journal of Jewish Studies», 24/1 (2005), pp. 67-80.

12. Liat Steir-Livny, *Trauma from the Perspective of Holocaust Survivors in the Israeli Film The Cellar (Natan Gross, 1963)*, in «Prooftexts», 37/2 (2019), pp. 306-327.

13. Jean François Lyotard, *Il dissidio*, trad. it. Alessandro Serra, Milano Feltrinelli, 1985.

storia privata raccontata tra memoria e presente e non basata su una prospettiva e narrativa propria dello stato nazionale. Il film è infatti tutto costruito sui pensieri e il mondo del protagonista sopravvissuto, sugli incubi e gli orrori del suo passato, descrivendo così una realtà complessa e sovvertendo il racconto tradizionale del cinema israeliano degli anni precedenti.

Il tempo qui non è lineare: è quello interno del trauma dove il passato riemerge intatto nelle pieghe del presente, con le sue ossessioni e paure cristallizzate. I flashback e gli incubi sfuggono alla piena coscienza. Forniscono «una forma di ricordo che sopravvive a costo della memoria voluta o della stessa continuità del pensiero cosciente».[14] Questo trova conferma in alcune scene ed espedienti; infatti le foto del protagonista dall'album di famiglia sono state strappate dal nuovo proprietario della casa: una cancellazione reale e simbolica per fare spazio alle foto in uniforme nazista a testimonianza degli eventi che rendono il protagonista prigioniero dei suoi ricordi. L'inquadratura del volto di Emanuel in primo piano è mescolata per sovrapposizione al fotogramma del treno che corre verso Dachau. La scena finale ci lascia due immagini: il nuovo giorno di lavoro in Israele, ma anche un'ombra che sembra un impiccato.

In seguito a questo film di rottura, tra il silenzio e l'uso a fini redentivi della Shoah, la situazione politica dopo il 1967, tra la paura della guerra e il clima trionfalistico della vittoria in Sei Giorni, poco spazio lasciava alle vittime della Shoah.[15] La contrapposizione tra i sopravvissuti e l'uomo nuovo israeliano subisce una marcia d'arresto a favore di una nuova condensazione di significati, nel nuovo clima politico di vulnerabilità dello stato ebraico dopo il 1973, ovvero dolo la guerra dello Yom Kippur.

La conferma di questa convergenza tra il sopravvissuto e la nuova potenziale vittima del terrorismo o della guerra si trova nel film di Menachem Golan, *Thunderbolt Operation* (*Mivtza Yonatan*, 1977). Il film, basato sui fatti reali della operazione Entebbe, che liberò gli ostaggi israeliani in Uganda, rimanda agli scenari della Shoah. Il braccio tatuato di uno dei passeggeri, le urla in tedesco e la separazione degli ebrei dagli altri passeggeri creano in chi guarda il film una sovrapposizione tra le differenti situazioni. Se, l'iniziale distanza dal tema della Shoah nei film israeliani ne confermava piuttosto l'importanza, un film come *Thunderbolt Operation*, in questa fase, segna la dimensione psicologica israeliana che si ricollega idealmente al trauma dei sopravvissuti e di un intero popolo. La Shoah diventa, così, non semplicemente il modello universale da cui prendere le distanze e da cui stare in guardia, come avviene nella costruzione della memoria europea e americana, ma anche una risorsa per lottare contro un nemico ostile, nel rafforzamento di un sentimento di solitudine internazionale.

Inoltre, la Shoah assume anche il ruolo di pietra di paragone morale, in una dimensione normativa ed esemplare, rispetto alle dinamiche della guerra. È ciò

14. Maureen Turim, *Flashbacks in Film*, London, Routledge, 1989, pp. 1-20.

15. Lawrence Baron, *Projecting the Holocaust into the present: The changing focus of contemporary Holocaust cinema*, Lanham, Rowman & Littlefield Publishers, 2005.

che accade per esempio nel film *The Wooden Gun* di Ilan Moshenson (*Rove Khuliot*, 1979), dove l'incontro con una sopravvissuta si rivela illuminante sul significato della violenza e del male.

In generale, il cinema nazionale israeliano è profondamento scandito dalle guerre e dai diversi momenti storico-politici. Dopo la fase di adesione alla retorica nazionale si fa spazio tra gli anni Ottanta e Novanta una nuova dimensione critica dell'arte, del cinema e della letteratura. Il fallimento degli accordi di pace, l'uccisione di Rabin e il venir meno anche delle semplici speranze di pacificazione creano nel tempo sia una forte polarizzazione politica sia una distanza e un ritiro nella sfera privata. La Shoah inizia ad assumere un carattere completamente diverso rispetto a come era stata percepita e utilizzata nei primi film pionieristici. Il ciclo di film degli anni Ottanta, definito "cinema d'ombra",[16] è pieno di ambivalenze e sensi di colpa verso i sopravvissuti e il loro ruolo nella società israeliana. Oltre a *The Wodden Gun*, uno dei film più conosciuti, troviamo infatti una serie di film accomunati da questa prospettiva.

Anche i film di Eli Cohen[17] affrontano tematiche legate alla memoria collettiva rappresentando così i cambiamenti della società israeliana. Il trauma della Shoah è parte integrante dei suoi lavori, inseriti ora in un Kibbutz, ora all'interno di discussioni filosofiche o dentro ricordi del passato e dell'infanzia dei protagonisti. Questioni come il rapporto tra la società israeliana e i sopravvissuti, la loro integrazione, sono al centro del film *Under the Domim Tree* (1994). Qui Eli Cohen, adattando il romanzo autobiografico di una delle più importanti attrici israeliane, Gila Almagor, esplora il trauma della Shoah che si riverbera dentro un kibbutz, dove ragazzi israeliani vivono insieme a orfani sopravvissuti ai campi di sterminio. La trama è centrata sulla difficoltà della vita del sopravvissuto, sulla reiterazione del suo passato angoscioso, sull'incapacità di vivere; il suicidio di un ragazzo che abita nella struttura ne conferma la tragicità. Completamente diverso, ma sempre testimone di un cambio di agenda nel cinema israeliano, è il film *The Quarrel*, nel quale due vecchi amici, entrambi sopravvissuti all'Olocausto e accomunati dalla perdita dell'intera famiglia, discutono della vita ebraica, della propria identità e della Shoah in una dimensione intima: mentre compiono azioni banali come passeggiare, riflettono sulla propria dolorosa esperienza e sullo sfondo aleggia pesante il senso di colpa del sopravvissuto.

Cohen esplora il peso della Shoah non solo sui sopravvissuti ma anche sulle generazioni successive, in particolare sui bambini cresciuti in Israele con genitori segnati dalla tragedia. I suoi film trattano spesso il dilemma dei sopravvissuti tra il loro passato europeo e la loro nuova vita in Israele. Nei suoi lavori emerge il confronto tra la fede religiosa e la perdita della speranza derivante dalle atrocità della Shoah. Se nella sua produzione la dimensione intima e speculativa è quella

16. Judd Ne'eman, *The Tragic Sense of Zionism: Shadow Cinema and the Holocaust*, in «Shofar: An Interdisciplinary Journal of Jewish Studies», 24/1 (2005), pp.22-36.

17. Nurith Gertz, *Myths in Israeli Culture: Captives of a Dream*, Portland, Vallentine Mitchell, 2000.

predominante, anche tra gli altri registi e artisti si fanno strada posizioni sempre più critiche rispetto alla retorica nazionale che aveva caratterizzato tanto cinema dei primi anni Cinquanta.[18] Le storie diventano specchio di vite individuali, di racconti opposti al racconto corale, trionfalistico. Al posto dell'ottimismo entusiastico s'insinua e prende corpo una dimensione più riflessiva e pessimistica; sebbene non si prefiguri un cinema squisitamente politico, la dimensione diasporica si contrappone sempre più sottilmente alla narrazione della nazione. In questo contesto si sviluppa e nasce un cinema che mette al centro i temi del conflitto e della guerra dove si ritrovano anche alcuni temi della Shoah, ma solo sullo sfondo, in una dimensione evocativa o di sogno (*Valzer con Shafir*, Ari Folman, 2008).[19] Sempre di Ari Folman è il lungometraggio del 2001, *Made in Israel*, che si sviluppa con colpi di scena ed equivoci e mette al centro la caccia all'ultimo nazista portata avanti da un figlio di sopravvissuti che per questo scopo si rivolge a cinque israeliani e due russi. L'ambientazione surrealista è caratterizzata dalle alture del Golan, dove la presenza della neve è un richiamo all'Europa. Folman fa propria l'idea di un legame tra la Guerra del Kippur e la Shoah[20] per la paura dello sterminio che le aveva accomunate, terreno poco frequentato dai cineasti israeliani come osserva Munk analizzando il paesaggio del film.[21] In questo insolito film la caccia all'ultimo nazista fallisce, tutti muoiono, il nazista fugge ma poi si uccide. Il film lascia spazio a interrogativi sul valore della vendetta, sull'eredità della Shoah e sul peso della memoria collettiva.

Anche *Walk on Water* (*Lalekhet Al Hamayim*, 2004) di Eytan Fox mette in scena una caccia a un ex nazista attraverso più piani che si sovrappongono e qui la tematica s'intreccia a una storia di omosessualità.

Di recente, poi, Ari Folman ha realizzato un film d'animazione, *Anna Frank e il diario segreto*,[22] dove ripercorre la storia del diario attraverso una bambina immaginaria che dialoga con l'autrice più nota.

2. *I documentari*

Proprio mentre i registi dei film di finzione si occupano di temi più legati alla vita in Israele e al conflitto israelo-palestinese, i documentari che indagano la Shoah iniziano ad assumere uno spazio più rilevante e significativo.[23] Anche i documentari

18. Ilan Avisar, *The Holocaust in Israeli cinema as a conflict between survival and morality*, in *Israeli cinema*, pp. 151-167.

19. Nicholas Hetrick, *Ari Folman's Waltz With Bashir and the Limits of Abstract Tragedy*, in «Image & Narrative», 11/2 (2010), pp. 78-91.

20. Anita Shapira, *Historiography and Memory: Latrun 1948*, in «Jewish Social Studies», 1 (1996), pp. 20-26.

21. Yael Munk, *Ari Folman's Made in Israel (2001): Traces of Trauma in the Israeli Cinema Landscape*, in «Arts», 12/1 (2023): https://doi.org/10.3390/arts12010032.

22. Ari Folman, *Where Is Anne Frank*, New York, Pantheon, 2023.

23. Liat Steir-Livny, *Aftereffects-The representation of the Holocaust, its universal moral implication and the trans generational transformation of the trauma based on the Israeli documentary film Oy Mama*, in «Kultura Popularna», 51/1 (2017), pp. 118-134.

come i film sono il frutto e lo specchio dei cambiamenti nella società israeliana, ma questi hanno forse dato un contributo più forte al mutamento di percezione sul tema della Shoah. Come abbiamo già sottolineato per i film, i documentari in un primo momento rispecchiano la fase epica che occultava la Shoah in favore di una narrazione eroica, poi percorrono una visione più complessa e critica dopo il processo Eichmann e raggiungono la vera rottura con una narrazione diversa dagli anni Ottanta[24] a oggi.[25] Questa è la fase della post-memoria dove il trauma culturale della Shoah si manifesta in tutta la sua ampiezza transgenerazionale. Gli stessi titoli dei documentari della prima ora sono spie e indizi dell'intenzione palingenetica e di riscatto.[26] Tra i molti documentari della fase di rottura e di cambiamento, *Because of that war* (1988) viene scritto, secondo le dichiarazioni della regista Orna Ben-Dor, per sottrarre la Shoah all'ideologia. Figlia di sopravvissuti alla Shoah, in molti suoi film la regista tratta dei temi legati al trauma transgenerazionale[27] e al difficile rapporto con gli israeliani,[28] contribuendo appunto a una diversa rappresentazione dei sopravvissuti in Israele. In particolare, il documentario *Cloudburst* (1989) è una critica della difficoltà di inserimento dei sopravvissuti nella società israeliana.

Because of that war è stato il primo documentario in cui i sopravvissuti e i loro figli hanno ruoli da protagonisti e parlano davanti alla telecamera di come il trauma ha influenzato le loro vite. Halina e Jacko per esempio, raccontando la deportazione ad Auschwitz, lasciano emergere il trauma trasmesso ai figli. Nel documentario è inoltre raccontata la realizzazione di un album – che dopo l'uscita del film ebbe una certa diffusione (*Ashes and Dust*) – realizzato dai figli, entrambi musicisti, che tratta dei traumi dei loro genitori. Halina esprime la permanenza del trauma attraverso una dimensione di dolore senza fine, dove il presente è offuscato dalla ferita del passato. Jacko rievoca invece la storia degli ebrei di Salonicco morti ad Auschwitz e anche nel suo difficile, lungo e interrotto racconto emerge un passato ingombrante e offuscante del presente, capace di impedirgli di godere del Bar Mitzvà del figlio, festa che da momento di gioia si trasforma in un incubo popolato da fantasmi del passato.

Un altro tema, quello della zona grigia, che ha impegnato la storiografia e il dibattito pubblico, entrò anche nell'ambito cinematografico e nei documentari. La filmografia israeliana, rispetto alle persone rimaste coinvolte nella cooperazione alla macchina industriale nazista, è mutata negli anni: si è passati dall'iniziale accusa degli anni Cinquanta all'indifferenza degli anni Sessanta-Ottanta fino alla riabi-

24. Gulie Ne'eman Arad, *Israel and the Shoah: A tale of Multifarious Taboos*, in «New German Critique», 90 (2003), pp. 5-26.

25. Dalia Ofer, *The Past that Does Not Pass: Israelis and Holocaust Memory*, in «Israel Studies», 14/1, (2009), pp. 1-35.

26. *The Road to Liberty* (Norman Lurie, 1946); *Behind the Blockades* (Bill Zimmerman, 1947); *Land of Hope* (1947); *Our Way of Life* (Baruch Dinar, 1958).

27. Yoseffa Loshitzky, *Post-Memory cinema: second-generation Israelis screen the Holocaust*, in Ead., *Identity Politics on the Israeli Screen*, Texas, University of Texas Press, 2002, pp. 32-71.

28. Liat Steir-Livny, *From a Distance: Orna Ben-Dor's Holocaust Quintet*, in «Israel Studies», 28/1 (2023), pp. 215-232.

litazione avvenuta grazie agli studi che hanno gettato una luce diversa sul tema. Tra questi documentari sono degni di nota *Kapo* (2000) e *The Kozalchik Affair* (2015).

Contemporaneamente a uno sguardo più benevolo e complesso verso la zona grigia, anche il testimone come abbiamo visto ha acquisito un suo spazio e una sua centralità. Tuttavia nel film *Good Holocaust* della stessa Orna Ben-Dor il testimone è confuso, dovrebbe parlare al pubblico nel Giorno della memoria ma in un fitto dialogo con il veterinario che gli salva il cane si interroga sul senso stesso di quella testimonianza. Come se la memoria più che un lavoro quotidiano sia un obbligo e in quanto tale svuotato di senso.

La testimonianza è così fortemente messa in discussione nel film, proprio in un momento storico e culturale in cui l'esperienza dei sopravvissuti è diventata il cuore di una nuova narrazione eroica opposta a quella dei pionieri. *Good Holocaust* è quindi un film iconoclasta, irriverente, con un certo umorismo nero, che non è riuscito forse a comunicare la complessità del tema della memoria. In ogni modo l'immagine della regista rimane legata alla storia della rappresentazione della Shoah in Israele.

3. *Conclusioni*

L'analisi di questi film e documentari non pretende certo di esaurire il panorama della produzione israeliana sulla Shoah, ma intende piuttosto sottolineare la vitalità del tema nell'identità ebraico-israeliana.

Tuttavia, le opinioni nel dibattitto pubblico israeliano, come per molti altri temi, sono complesse e divise e viaggiano dall'idea critica di ossessione fino all'idea di forza fondativa sacrale. Analizzare dunque le rappresentazioni nel cinema attraverso il prisma della storia riflette i cambiamenti della società stessa fra le diverse generazioni, ma getta una luce anche sulla contemporaneità, frutto di quelle stesse contraddizioni e complessità. Se le date commemorative in Italia e in Europa hanno assunto un significato grazie a un lavoro di memoria lungo e complesso, in Israele le seconde e terze generazioni sono ancora parte e testimonianza vivente di quella stessa memoria. Il fitto dialogo tra le generazioni ha permeato la memoria ma anche gli studi sulla Shoah in Israele, le cui sfide esistenziali si condensano così in un corto circuito con il passato difficile da elaborare.

Alessandro Izzi

Oltre lo specchio oscuro. La rappresentazione della Shoah nel cinema italiano dopo *La vita è bella*

1. *Introduzione. La vita è poi davvero così bella?*

L'uscita del film *La vita è bella* (1997) di Roberto Benigni è stato, nel dibattito italiano sulla questione della rappresentabilità della Shoah, uno snodo di fondamentale importanza.

Da un punto di vista strettamente retorico, infatti, *La vita è bella* è contemporaneamente una *summa* di quanto era stato visto nei film italiani sino a quel momento dedicati all'argomento, e la definizione di un limite, di un *non plus ultra* con cui tutti gli autori successivi sono poi stati chiamati a confrontarsi. Le domande che il film impone al commentatore sono legate a questioni di principio e di etica dello sguardo, prima ancora che agli effettivi meriti artistici della pellicola (peraltro più modesti di quanto il polverone sollevato abbia dato modo di vedere all'inizio). E tutte ruotano sul tentativo di stabilire dei limiti: fino a che punto può essere giusta una spettacolarizzazione della tragedia? Cosa è lecito mostrare e di cosa è meglio tacere? La commedia può essere uno strumento adeguato alla restituzione di una realtà tanto tragica?

Di fatto comunque il film di Benigni porta alla ribalta, sino a farla detonare, una questione ben presente nel nostro cinema: il problema dell'adesione della narrazione a generi narrativi distanti da preoccupazioni realistiche e storiche. La facilità con cui i nostri autori scivolano verso generi percepiti dal grande pubblico come ampiamente commerciali (l'horror,[1] certo, ma anche l'erotico e il pornografico se si considera come un filone quale quello del Nazi exploitation[2] abbia trovato proprio in Italia il più fertile terreno di produzione)

1. Nel periodo successivo all'uscita di *La vita è bella* escono due film a firma di Marco Ristori e Luca Boni: *Eaters* (2011) e *Zombie Massacre: Reich of the Dead* (2015), che rinverdiscono i fasti del Nazi exploitation culminati nel 1988 con l'uscita del film, anch'esso horror, di Lucio Fulci: *Il fantasma di Sodoma*.

2. Si legga in merito: Daniel Magilow, Kristin Vander Lungt, Elizabeth Bridges, *Nazisploitation! The Nazi image in low-brow Cinema and Culture*, New York, The Continuum international Publishing Group, 2012.

è segno di una spregiudicatezza verso l'argomento che si fatica a rintracciare in altre cinematografie. Essa denota, probabilmente, un tentativo dell'industria culturale di non scendere a patti con le responsabilità nazionali nell'attuazione della Shoah europea che non si esauriscono solo nell'approvazione delle leggi razziali del 1938. In un certo senso, per il cinema italiano porre la questione del genere narrativo è un modo per orientare le narrazioni negli orizzonti delle semplici esercitazioni di stile, un po' come avveniva nello *Spaghetti western* che poteva avvalersi di un tono ludico e sperimentale proprio perché raccontava la storia di un altro paese, lontano, esotico, comunque altro rispetto a quello che vedeva nascere i capolavori di Leone.

Nel nostro caso l'operazione era stata resa possibile perché, in coerenza con gli obiettivi del Piano Marshall, il paese aveva avuto l'esigenza di rivendicare a livello internazionale lo statuto di "vittima" delle violenze naziste e c'era quindi la necessità, anche economica, che si affermasse quella retorica narrativa che sarebbe poi passata alla storia con la formula di "italiani brava gente".

Proprio per questo in *La vita è bella* ritroviamo emblematizzata la contrapposizione linguistica tra il tedesco urlato dei soldati, visto come vero e proprio idioma del male, e l'italiano, medio e indifeso, degli altri prigionieri del campo: una vera e propria magnificazione della rappresentazione dell'italiano, prima ancora che dell'ebreo, come vera vittima sacrificale.[3]

A questa visione narrativa, indiscussa e indiscutibile, Benigni aggiunge, sull'onda di tante narrazioni analoghe che cominciano sin dal deprecabile *L'ebreo errante* (1948) di Goffredo Alessandrini, la dimensione archetipale della favola che fa sì che la percezione che della Shoah ha lo spettatore sia quella di un qualcosa che si è verificato lontano da noi, in un tempo estremamente remoto: una favola oscura nei confronti della quale la società italiana non ha reali punti di contatto. Una realtà orribile che, nel film, passa, tanto per farci sentire più sicuri, attraverso un doppio filtro di distanziamento: quello del padre, che usa l'incanto affabulatorio di *Le mille e una notte* per tenere in vita il bambino impedendogli di avere una diretta visione dell'orrore del campo, e quella del figlio che tutto racconta al pubblico in *voice over*.

Un filtro favolistico tanto radicato nel punto di vista infantile del piccolo protagonista da permettere sia un processo di immedesimazione profondo nelle tragicomiche disavventure di un padre capace del sacrificio estremo pur di salvare l'innocenza del figlio, sia di tapparci gli occhi di fronte all'abnormità dell'orrore. L'infanzia del protagonista diventa, quindi, quella dello spettatore chiamato a diventare bambino per godere delle cure di un padre tanto amorevole. Ma è anche ideale metonimia dell'invocata infanzia nazionale. L'intera Italia, che in effetti nasce dalle ceneri del fascismo, è innocente come il bambino che guarda gli eventi senza capirli. Il male compiuto dagli adulti diventa per questo sfuggente, come per il piccolo Giosuè quando chiede conto del fatto che un negozio gli impedisca

3. Kobi Niv, Jonhatan Beyrak, *Life is beautiful, but not for the Jews: Another View of the Film by Benigni*, Lanham MD, Scarecrow Press, 2003.

l'accesso in quanto ebreo, e l'unica risposta che gli viene offerta è che si tratta di una scelta individuale e che, se il piccolo ci tiene, può ben decidere di non fare entrare nel suo negozio ragni e ostrogoti.

Ad ogni modo, il cinema post *La vita è bella* è in qualche misura consapevole del carattere riassuntivo del film di Benigni e si confronta con l'esigenza di dover trovare una sua nuova direzione, un nuovo modo per raccontare una storia in fondo già sentita e che, per di più, il pubblico italiano non sembra ansioso di farsi ripetere ancora.

Oltretutto, dopo la straordinaria riuscita commerciale e l'incredibile affermazione addirittura alla notte degli Oscar, è diventato evidente, a chiunque voglia anche solo cimentarsi con la possibilità di affrontare un film sulla questione, che è virtualmente impossibile sia replicare il successo dell'opera, sia limitarsi a una gretta imitazione della formula.

Le opere successive all'uscita del film di Benigni, assai sporadiche (il che non dovrebbe sorprendere all'interno di una cinematografia che non ha mai avuto uscite tra loro troppo ravvicinate sino all'istituzione della Giornata della Memoria che, però, ha smosso le acque produttive più per la televisione che per il cinema), devono ritrovare una propria direzione e quindi si muovono, almeno nei primissimi anni, in strade tra loro diverse e apparentemente contraddittorie, senza riuscire a replicare la carica simbolica e la dirompente capacità di animare il dibattito di *La vita è bella*.

In linea di principio, questi film potrebbero comunque essere fatti rientrare in tre diversi filoni. Il primo comprende opere che inseguono la dimensione di puro "fondale" del campo di concentramento raccontato da Benigni, in una corsa all'astrazione dalla Storia che è la più autentica spina dorsale dell'approccio italiano al tema.

Il secondo (e più consistente) comprende opere che tentano di imitare e recuperare lo sguardo fiabesco e infantile di *La vita è bella*, non riuscendo però a replicarne l'estro e il ritmo (e non è un caso che si tratti, per lo più, di prodotti televisivi rassicuranti e dolciastri).

Il terzo, infine, in netta controtendenza rispetto alle retoriche assolutorie del film di Benigni, presenta poche coraggiose pellicole che tentano di ancorare in maniera significativa il passato dei campi con il presente nazionale, nel desiderio, spesso sincero, di animare una discussione capace di confrontarsi con responsabilità nazionali e collettive.

Ma vediamoli più in dettaglio.

2. *Fuori del tempo e dello spazio: le retoriche post* Vita è bella *per una definizione dell'Holocaust film italiano*

Se *La vita è bella* aveva rappresentato un'ideale sintesi della corsa all'astrazione astorica della rappresentazione dell'universo concentrazionario, *Il Servo ungherese* (2003) di Giorgio Molteni e Massimo Piesco è un vero e proprio punto di arrivo agli estremi limiti di quella stessa corsa. Il film si svolge, infatti, nel campo di concentramento di Teufelwald: un ambiente fatto solo di fumo e nebbia, un *non luogo* drammaturgicamente sprovvisto di reale consistenza scenica.

Privato di punti di riferimento, lo spazio concentrazionario messo in scena diventa, così, una categoria fuori del tempo e dello spazio, un abominio universale incomprensibile, eppure a suo modo necessario all'avanzare della storia. Anche se i carcerieri sono nazisti e le vittime ebrei, il discorso perde ogni aggancio con la realtà storica e diventa pura riflessione sul concetto stesso di segregazione, di eliminazione, di sterminio. Del resto, qualora restasse qualche dubbio sulle intenzioni degli autori, ci pensa la didascalia finale a chiarire quello che deve essere il centro di tutto: il film è dedicato agli artisti uccisi da «qualsiasi regime totalitario».

Il Servo Ungherese, quindi, inseguendo un'ideale *par condicio* tra i totalitarismi, che certo si deve alla produzione (il film nasce sotto gli auspici della Medusa dell'allora presidente Silvio Berlusconi), compie un passo ulteriore rispetto a narrative analoghe del cinema italiano precedente, ricacciando la Shoah in un passato indistinto e indistinguibile, sul limitare di un rimosso sempre sul punto di essere inghiottito nel nulla della nebbia. Un passato con cui gli italiani sembrano non aver nulla a che vedere. In questo modo il nazismo assurge alla dimensione archetipale di male assoluto e la narrazione esce dalla Storia con tutte le sue contraddizioni (non ultima la presenza di campi di concentramento anche sul territorio nazionale, in spregio a ogni pretesa d'innocenza di molte pellicole) per entrare nei territori più innocui e aproblematici del mito. Lo pensava, qualche anno prima anche il protagonista di *Canone inverso* (2000) di Ricky Tognazzi dal momento che, sentendo avanzare i comunisti sulla Praga della Primavera, confondeva il loro passo di marcia con quello delle SS e sospirava, tremando: «Sono tornati!».

Gli viene in soccorso, in questa incertezza di confini storici e geografici, il suo essere un personaggio scisso, senza identità, ancora prigioniero di un passato (quello delle persecuzioni razziali) che gli sembra uguale a un presente che è, invece, diverso, anche se non meno brutale e deprecabile.

In questa confusione di colori si giunge, quindi, a un'autoassoluzione di principio perché ci mette di fronte a un Male inteso come condizione ontologica implicita e inestirpabile dalla natura umana, da un punto di vista morale, e come motore necessario della favola che ha bisogno di un antagonista, da un punto di vista narrativo. Come a dire che, senza, non saremmo umani e non avremmo una storia da raccontare.

Con *Cielo e terra* (2004), di Luca Mazzieri, un ulteriore passo in questa direzione viene compiuto.

Il film è ambientato nello spazio astratto di un paesino di campagna emiliano, forse Busseto.

Qui si nascondono Samuele (un ebreo), sua moglie (italiana e cattolica) e la sorella. Con loro ci sono altri due ragazzi, forse contadini del posto, forse fratelli, forse amanti e omosessuali.

L'arrivo di un gruppo di nazisti, guidati da Cesare, una camicia nera, dovrebbe rappresentare l'irruzione della storia nel microcosmo del racconto e, invece, di fatto, tutto resta fermo.

Il racconto si chiude all'interno del paesino che lo ospita e che diviene emblema di un vero e proprio luogo concentrazionario. Malgrado i maldestri tentativi di fuga di tutti, nessuno riesce a uscirne. Né si hanno notizie di ciò che avviene fuori. Tutti sono sartrianamente reclusi in un teatro con le porte aperte in cui ciascuno è costretto all'interno della propria funzione narrativa.

In un certo senso, *Cielo e Terra* è la strana messa in scena di un contrasto tra archetipi, piuttosto che tra personaggi storicamente connotati.

Nazisti, fascisti, ebrei, partigiani e contadini sono mere maschere condannate a mettere in scena l'inevitabilità di uno scontro.

Il film è ormai definitivamente incanalato in quelle che sono le dinamiche standard dell'Holocaust film che, nel frattempo, è diventato anche fuori d'Italia un mero genere narrativo.[4] Non v'è traccia di filo spinato, ma ci sono cani che abbaiano e il tedesco urlato sul quale Benigni ci ha già fatto ridere e che, quindi, incute oggi un poco meno di paura. È un film che non ha bisogno di spiegare le cose perché il pubblico già crede di sapere tutto e, per questo, può concedersi il lusso di mettere in scena niente più che fantasmi di una memoria collettiva ormai sul punto di usurarsi.

Cielo e Terra cavalca le placide onde di questa memoria collettiva, sempre meno increspata e profonda, giocando sulle ambiguità di una zona perennemente grigia in cui ogni personaggio è pura funzione di una Storia che non capisce e che gli è lontana. E di fronte a questa condizione esistenziale lo spettatore non può che provare una generica pietà che si estende un po' a tutti, ai sommersi come ai salvati, ai soldati come ai civili.

Il concetto di responsabilità è uscito ormai da ogni radar. Del resto, che colpa può mai avere la strega cattiva delle favole del suo essere tale?

3. *L'immagine che non cresce: l'infanzia nel cinema della Shoah dopo Benigni*

La focalizzazione infantile è l'altro grande motore drammaturgico che Benigni riprende dagli archetipi del cinema italiano precedente, per consegnarli alla maniera delle opere successive. Raccontare l'Olocausto dal punto di vista infantile diventa così, dopo le avventure del piccolo Giosuè, una sorta di *conditio sine qua non* per potersi accostare al tema.

Ritroviamo un punto di vista infantile, per esempio, in *Il cielo cade* (2000) di Antonio e Andrea Frazzi, tratto dal romanzo autobiografico di Lorenza Mazzetti pubblicato quaranta anni prima. Come in *Cielo e Terra* l'intero racconto si svolge

4. Il tentativo sin qui più convincente di iniziare a mappare le dinamiche dell'Holocaust film italiano si deve a un importante numero monografico di «Cinema e Storia»: *La Shoah nel cinema italiano*, a cura di Andrea Minuz e Guido Vitiello, Catanzaro, Rubettino, 2013.

in un paesino, anzi in una villa, secondo una progressione alla chiusura del racconto in spazi limitatissimi che arriverà sino all'*Hotel Meina* (2007) di Lizzani.

La villa è il luogo della favola. Vi arrivano due bambine che hanno appena perso i genitori e che trovano, negli zii che le accolgono, una nuova famiglia. Metà film, come in *La vita è bella*, ci riporta a una vita senza problemi, in un'Italia rurale e lontana da ogni vera preoccupazione politica. Gli "italiani brava gente" sono come le bambine che tra l'altro entrano in scena vestite da figlie della lupa: lasciate al loro destino non farebbero altro che giocare nel calore di un'estate eterna, quella dell'infanzia.

Lo stesso zio, proprietario della villa, Wilhelm Einstein, pur essendo ebreo, è convinto che la guerra non gli darà troppo filo da torcere. Dopotutto lui è tedesco e pure ricco.

> Sebbene sia il sovrano autocratico di un piccolo reame, Wilhelm è indubitabilmente un monarca illuminato, un re filosofo amato da famiglia e amici, riverito dai suoi dipendenti. La fede cieca di Wilhelm nei confronti dei valori umanistici – di ordine estetico, dignità personale e giustizia umana – lo portano ad assumere una posizione di intransigenza e incredulità di fronte agli attacchi della Storia.[5]

L'incanto della favola regge, incredibilmente, sino alla ritirata dei tedeschi, poi la situazione precipita e anche le bambine, cui fino a quel momento era stato permesso di non guardare (come in Benigni) le conseguenze della guerra, devono scoprire il significato della morte e del sangue (che resta invece sconosciuto al piccolo Giosuè, alla fine del film contento di aver vinto il giro sul carro armato).

Una scoperta comunque obliqua (nel film le bambine assistono alla morte della zia attraverso uno specchio, figura favolistica per antonomasia), ma che ha lo scopo di attivare un vero e proprio processo di immedesimazione dello spettatore costretto come le piccole protagoniste a vedere senza poter intervenire. Condizione comune, paiono dirci le tante pellicole che scelgono il punto di vista infantile per raccontare la Shoah prima e dopo *La vita è bella*, a tutti gli italiani che vedevano deportare gli ebrei, ma non potevano opporsi in alcun modo: una scelta narrativa così ricorrente da diventare scivolosa.

A sdrucciolare maggiormente su questa strada bagnata dalle lacrime di facile commozione è la televisione che, da un certo punto in poi, sembra volersi caricare sulle spalle l'eredità di *La vita è bella* per imbarcarsi in favole esemplari, buone per tutte le stagioni.

Ecco perché, nel Post 2000 che si prepara a tirar fuori dal cappello una Giornata del Ricordo da contrapporre a quella della Memoria, torna, come un fantasma vindice, nella fiction televisiva l'immagine del bambino che crede ancora nelle favole e la cui innocenza va disperatamente preservata.

È quel che accade in *La fuga degli innocenti* (2004) di Leone Pompucci, che racconta di un gruppo di bambini che, scappando dalle persecuzioni, trova

5. Millicent Marcus, *Italian Film in the Shadow of Auschwitz*, Toronto-Buffalo-London, University of Toronto Press Incorporated, 2007, p. 103.

accoglienza a Nonantola, vicino Modena. Qui il loro essere stati precedentemente strappati ai genitori viene furbescamente equilibrato dall'accoglienza degli "italiani brava gente" che offrono aiuto e consentono loro di imbarcarsi per la Palestina. La storia di partenza è vera (come quasi sempre avviene nell'audiovisivo che parla di Shoah), ma non stupisce affatto che la televisione, delle tante storie vere che avrebbe potuto scegliere, sia andata a pescarsi proprio quella più edificante e col lieto fine annesso.

Un discorso analogo potrebbe essere fatto per l'Ada Sereni[6] di *Exodus – Il sogno di Ada* (2007) di Gianluigi Calderone, in cui è proprio la scoperta di come i bambini sopravvissuti ai campi di concentramento abbiano perso di vista la magia della favola a convincere la protagonista a cominciare a coltivare il sogno di aiutare gli ebrei a tornare in Palestina: una nuova fiaba per ricominciare a non aver paura più del buio.

Più recentemente in *L'Olimpiade nascosta* (2012), il personaggio di Kasia, una contadina che vive vicina a un campo di concentramento, arriva a farsi internare per poter continuare a prendersi cura di Joel, un piccolo ebreo sconosciuto fino a poco prima e l'intera fiction, che romanza la vera storia delle Olimpiadi disputate all'interno dei campi di concentramento, si lancia nell'ipotesi che i giochi furono messi in piedi per permettere un'azione di salvataggio di donne e bambini all'interno dei campi da parte della resistenza.

Più complesso il caso di *L'aviatore* (2007) in cui l'intera vicenda è riletta attraverso la chiave interpretativa di una fiaba come *Hänsel e Gretel*. Nella fiction di Carlo Carlei, quindi, l'infanzia è, certo, un tentativo di opporsi all'avanzata della Storia da parte dei bambini che trovano rifugio in una fantasia che non può mai essere semplicemente escapista, perché la Storia trova sempre un modo per distruggere questi ripari momentanei (emblematica la scena in cui i piccoli si nascondono sotto una tenda proprio per raccontarsi una fiaba, allontanandosi in questo modo dai discorsi adulti). Nella scena finale in cui il protagonista (Sergio Castellitto) racconta alla figlia la fiaba della melma del lago che sarà alla fine scacciata dal bene che ognuno di noi dovrebbe sforzarsi di compiere, non c'è nessuna deviazione di sguardo. La piccola vede la melma e la riconosce come tale a differenza del piccolo Giosuè che vede un campo di sterminio e lo scambia per un parco giochi.

Tornando al grande schermo non resta che parlare di *Concorrenza sleale* (2001) di Ettore Scola che, come *La vita è bella* che è raccontata da Giosuè ormai anziano,[7] è la narrazione di un'infanzia recuperata proustianamente dal ricordo adulto. Qui però il percorso, seppure analogo, sembra dotato di una più incisiva comprensione delle dinamiche che mette in atto. La prima inquadratura del film è, da questo punto di vista, un'autentica dichiarazione di intenti.

6. È di tre anni dopo anche *Il cielo come destino* (2010) di Vittorio Pavoncello a segno di un rinnovato interesse sulla questione dei profughi che di lì a poco sarebbe tornata urgente con la crisi dei confini europei e le difficoltà di attuazione delle risoluzioni del trattato di Schengen che fanno parte della nostra attualità.

7. Parliamo ovviamente dell'edizione americana che ha preteso questo aggiustamento rispetto a quella italiana.

Essa ci mette di fronte all'apertura del diario del piccolo protagonista attraverso le cui pagine ci sarà presentata l'intera vicenda.

Su questa immagine interviene la *voice over* del bambino che dà una precisa indicazione cronologica: «12 febbraio 1938. Sedicesimo dell'era fascista».

Questa doppia datazione è sia una notazione storica precisa, sia l'indicazione di una cronologia ambigua. Il racconto risulta, infatti, sin dall'inizio come diviso tra due linee cronologiche e due percezioni del tempo a loro modo inconciliabili eppure intrecciate.

La dimensione memoriale (con il racconto delle disavventure degli ebrei sotto il fascismo), fittissima di inserti quali titoli di quotidiani, trasmissioni radiofoniche e marchi pubblicitari, non contraddice, anzi sposa la rievocazione individuale.[8]

Concorrenza sleale, in fondo, riesce nell'impresa di non precipitare nel punto di vista infantile per nascondere l'orrore, ma di utilizzarlo come trampolino per evidenziare meglio le contraddizioni che gli sono implicite. Se, come in Benigni, il bambino non può capire quello che gli succede perché non ha abbastanza strumenti per interpretarlo, non lo stesso si può dire dell'adulto che può rievocare l'esperienza vissuta, guardando meglio le cose, riuscendo a interrogarsi sulle dinamiche. La doppia cronologia del film (quella del bambino e quella dello storico) possono così prendersi a braccetto, come i due estremi su cui si fonda l'ambiguità dell'ambientazione: una strada romana, sotto il cupolone di San Pietro che rappresenta «l'indifferenza di Pio XII nei confronti degli ebrei»,[9] interamente ricostruita in un teatro di posa, lavoro di abilissime maestranze. L'assoluto realismo dei dettagli contro l'assoluta falsità della scenografia.

In questo contesto, in questo spazio, prende corpo quella che è forse, insieme a un'altra opera che pure faceva del falso vero un suo centro poetico, *Il giardino dei Finzi Contini* (1970) di De Sica, la nostra prima grande narrativa su una percezione tutta italiana della Shoah, capace di ritrovare il candore di *La vita è bella* di fronte ai fatti senza ridurli ad alibi, e di individuare «la radice della persecuzione razzistica, e d'ogni altra persecuzione: nel pregiudizio che vive nei singoli, non detto, nascosto, persino condannato, ma che può manifestarsi e vincere le coscienze quando l'immaginario diffuso e un sistema di potere prendano a legittimarlo».[10]

4. *Sporcando ogni immagine del presente: persistenza della Shoah nello sguardo del cinema italiano contemporaneo*

Roma, oggi. Una vecchietta, che abita in Via del Portico di Ottavia, esce a fare la spesa. Aperto il portone di casa, si trova di fronte una camionetta con

8. *Intervista a Ettore Scola a cura di Marco Spagnoli*, in *Guida alla visione. Concorrenza sleale, un film di Ettore Scola*, p. 8: http://archivio.pubblica.istruzione.it/news/2001/allegati/concorrenzasleale.pdf (ultima consultazione dicembre 2023).

9. *Ibidem*.

10. Roberto Escobar, *Non far dei concorrenti un fascio*, in «Il sole 24 ore», 3 marzo 2001.

soldati delle SS. Urla. Strepiti. Una deportazione è in corso. La vecchietta si accascia al suolo con un urlo disperato. Sul suo braccio sono ancora impressi i numeri che le hanno tatuato ad Auschwitz. Il campo di ripresa si allarga e scopriamo che in realtà, quella mattina, in Via Portico d'Ottavia, stanno girando un film. L'anziana protagonista ha solo scambiato il falso di oggi con il vero di ieri, la finzione col suo ricordo. In questo brevissimo episodio di *Gente di Roma* (2003) Ettore Scola condensa tutto il senso della Memoria nell'oggi e consegna al cinema quel passo che *La vita è bella* si è strenuamente rifiutato di compiere: il rispecchiamento tra passato e presente. Un passo ulteriore rispetto a quello già importante di *Concorrenza sleale*.

Contro i meccanismi archetipici di Benigni che allontanano prospetticamente il passato dal nostro presente, Scola riflette sul senso stesso della memoria compiendo un'operazione rischiosa di reciproco avvicinamento. Passato e presente hanno la stessa distanza che separa un campo dal rispettivo controcampo. È un battito di ciglia a mettere in scena la persistenza di ieri nell'immagine di oggi, come il piccolo ebreo fuggiasco che si nasconde dentro un cinema per poi ritrovarsi, cresciuto, ad aiutare un bambino di colore in fuga dalla polizia (*'43 '97*, 1997, un altro corto di Scola significativamente contemporaneo a *La vita è bella*).

Un percorso di coesistenza che il cinema italiano stenta a compiere preferendo piuttosto calarsi nelle rievocazioni dei grandi affreschi storici. E, quando prova a far cortocircuitare passato e presente, scivola sulla proverbiale buccia di banana dell'affermazione che l'orrore di ieri non ha niente a che vedere con l'oggi, dal momento che, per esempio, di fronte a una catastrofe naturale come un terremoto (improvvidamente paragonato a un campo di concentramento quasi che un evento naturale catastrofico sia paragonabile a un genocidio) la risposta è nel soccorso e nella compassione di chi, salvato ieri, restituisce il favore oggi: è quanto avviene nel terribile *Il giorno della Shoah* (2010) di Pasquale Squitieri, non a caso un'ennesima produzione televisiva Mediaset che pure si appoggia su cose realmente accadute dopo i terremoti dell'Aquila, sul racconto, reale, degli aiuti che molti ebrei hanno portato a quegli aquilani che li avevano nascosti durante le retate sul finire della Seconda guerra mondiale. La narrazione edificante del mutuo soccorso tra persone comuni rende ambiguo ogni tentativo di accostarsi criticamente al fatto di cronaca scelto, perché il racconto diventa un'esaltazione dell'atto individuale che si oppone a un male invece impersonale, come se il nazifascismo non fosse frutto dell'uomo, delle sue scelte e delle sue azioni, ma una realtà del tutto impersonale e immotivata come un terremoto, appunto, la cui funzione è solo quella di far rifulgere di maggior luce un generico principio di solidarietà e amore.

Il più delle volte il percorso avviene fuori dalle dinamiche del cinema *mainstream* come nel caso di *Roma una breve eternità* (1999) di Vittorio Pavoncello che apre una trilogia prodotta dall'ECAD, proseguita con *Il cielo come destino* e destinata a chiudersi con *Ritratto di famiglia con girasoli* (2017) in cui il regista riporta la narrazione, come già è implicito nel titolo del primo film, in una sorta di *hic et semper*, di eterno presente in cui si sovrappongono due diversi piani temporali: quello della Roma occupata dai nazisti raccontata da alcuni testimoni sul lettino di una psicanalista e quello del presente di quest'ultima che si lascia gradualmente coinvolgere dal dramma dei suoi pazienti.

La Shoah ritrova quindi la sua dimensione di trauma psicanalitico in una confusione tra passato e presente esaltata anche dalla babele di linguaggi impiegati: cinema, teatro, pittura.

Sulla stessa linea *Dall'altra parte del mare* (2009) di Jean Sarto che si chiude definitivamente nel contemporaneo rifiutando qualsiasi tentativo di ricostruire narrativamente e in chiave finzionale un qualsiasi evento negli anni della "soluzione finale".

Dall'altra parte del mare mette in scena il racconto di una fassbinderiana compagnia di attori che è incaricata di mettere in scena, a Trieste, nella Risiera di San Sabba, una pièce per la Giornata della Memoria.

Alla fine del film, lo spettacolo naufraga miseramente di fronte all'inconciliabilità delle motivazioni che muovono il regista e la sua interprete principale.

Il primo, infatti, rinuncia allo spettacolo quando la visita della Risiera di San Sabba lo mette di fronte al fatto che un orrore tanto grande come quello della "soluzione finale" non può essere raccontato a livello oggettivo e nella chiave impersonale che ha sempre inseguito.

Dall'altra parte, l'attrice, che durante le ricerche scopre che il padre, che l'aveva abbandonata quando aveva appena otto anni, era stato un membro dei Domobranci, si trova di fronte alla rivelazione di come inseguire il punto di vista soggettivo della Shoah significhi dolorosamente scendere a patti anche con il tema così tanto spesso ignorato dal nostro cinema, della corresponsabilità familiare (dei padri, dei fratelli, dei vicini di casa) all'orrore.

Su una stessa linea si pone anche *Rua Alguem 5555 – My father* (2003) di Egidio Eronico che ci mette di fronte ai dilemmi di Hermann che si reca in Brasile per conoscere il padre fuggito lì alla fine della guerra. La scoperta che il genitore è Mengele getta il giovane in un vero e proprio cortocircuito di senso, doloroso e lacerante, una vera e propria crisi di identità comprensibile in uno che si scopre figlio di un mostro, ma che coinvolge, in gradi e modi diversi, tutta la nuova generazione dei figli e dei nipoti dei nazisti e che sarà raccontata nel nostro cinema anche da un documentario: *I fantasmi del Terzo Reich* (2012) di Claudia Sobral e Tommaso Valente. Da quanto detto sinora non stupirà allora che, malgrado la presenza nel cast del film di Eronico di Charlton Heston, l'opera sia passata quasi del tutto inosservata, senza echi percepibili nel dibattito culturale contemporaneo italiano.

Su questa linea, ma nell'ambito di un cinema più popolare, anche se con vocazioni artistiche, muove *La finestra di fronte* (2003) di Ferzan Ozptek.

La persistenza dell'immagine della Shoah negli scorci di oggi che abbiamo visto essere cifra ricorrente di questo filone di pellicole è garantita, questa volta, dall'Alzheimer che colpisce l'anziano protagonista (lo interpreta Massimo Girotti alla sua ultima prova per il cinema).

Oggi e ieri, quindi, si ritrovano a convivere nello spazio di una sola inquadratura, sono spesso legati da un unico movimento di macchina in cui a cambiare, per la percezione dello spettatore, è solo la luce. Una scelta che presta il braccio a un discorso significativo sulla persistenza del pregiudizio e dei germi della persecuzione nella realtà romana contemporanea. Poco sembra essere cambiato rispetto al 1943, pare dirci il film. Il diverso è ancora oggi oggetto di un rifiuto più o meno palese. Le delazioni sono all'ordine del giorno. Persino i campi di concentramento sembrano avere una sinistra attualizzazione nelle industrie alimentari in cui gli animali sono chiusi in batteria, mentre gli operai umani si aggirano tra questi nuovi gironi infernali come vindici Kapò.

In questo reciproco rispecchiarsi di passato e presente sta il limite e anche il fascino di un'opera che si interroga e ci interroga sulla nostra esigenza di Storia. Gli scorci della città eterna diventano così, nella loro immutabilità, nella persistenza tra ieri e oggi, sfinge da interrogare per uscire dal vicolo cieco dell'indifferenza.

Questa convivenza tra epoche diverse continua anche nel secondo film che Ozpetek dedica al ricordo dell'Italia fascista: *Magnifica presenza* (2012). Solo che questa volta i fantasmi non sono ombre che popolano uno sguardo, ma veri spettri che infestano una casa.

Il film parla poco di ebrei e di Shoah, ma mette al centro lo stesso bisogno di comprendere il passato nel presente che è al centro delle poche opere che spezzano il cordone ombelicale di *La vita è bella* in cerca di una strada diversa. Tutte storie di fantasmi cui chiedere perdono, come quello che appare tra le acque del lago alla giovane protagonista di *Hotel Meina* che, per il resto è un film che si chiude tutto nella ricostruzione iconograficamente accurata del passato. Un passato riletto (come sempre in Lizzani) attraverso pesanti manomissioni della verità storica nel tentativo di riannodare ideologicamente il rifiuto antifascista (implicito nella visione dell'ingiustizia) con l'atto di fondazione dell'Europa stessa.

5. *Conclusioni. La Shoah oltre lo specchio*

E se a essere perseguitati non fossero più gli ebrei, ormai assurti al rango di intoccabili della Storia? E se a essere perseguitati oggi fossero proprio i persecutori di ieri?

Da queste domande che non starebbero male sulle labbra di un Woody Allen dei tempi di *Zelig* (1983), nasce una delle opere più spiazzanti e originali del cinema italiano post-Benigni.

La premessa è intrigante, nella sua dimensione paradossale, ma non poi così discostata dalla realtà del dibattito culturale italiano degli ultimi anni, come verrebbe a tutta prima di pensare. Al centro del discorso c'è infatti una riflessione scorata sull'epoca nella quale viviamo: l'epoca dell'opinione e della sua infinita interpretabilità.

Se torturare e sterminare gli ebrei è stato un male, ci si dice nel film come in certe dichiarazioni presenti sui social e portate all'onore addirittura del dibattito parlamentare, è ugualmente un male censurare il diritto di opinione di chi la pensa diversamente. Al centro del discorso viene messo dunque l'inviolabile diritto dell'individuo di odiare un altro individuo. Un diritto che si abbevera di visioni complottistiche, di esemplificazioni storiche e di tutti quegli istinti di pancia che sempre più sembrano diventare la base irrinunciabile del nostro vivere (in)civile.

Forte di queste premesse Alberto Caviglia immagina in *Pecore in erba* (2015) di girare un *mocumentary*, un finto documentario sulla vita di Leonardo Zuliani, un attivista dei diritti degli antisemiti scomparso, forse ucciso proprio da quegli ebrei che hanno sempre cercato di tappargli la bocca.

Attraverso interviste alle persone che conobbero il ragazzo e con sequenze di repertorio strategicamente forzate a raccontare altro, Caviglia, ci mette di fronte al ritratto più impietoso degli italiani medi di questo nuovo millennio. Quello stesso italiano medio che, in *Sono tornato* (2018, di Luca Miniero), santifica, attraverso gli stessi canali mediatici che Caviglia irride, il ritorno del duce nel mondo politico italiano di oggi, mentre ai sopravvissuti all'orrore non resta che gridare, inascoltati da tutti, la propria disperata impotenza.

Qui, oltre lo specchio della rappresentazione, il lager si trasforma in una casa di riposo in cui sarebbe meglio chiudere quei vecchietti le cui storie, ripetute troppe volte, hanno cominciato ad annoiare: sogno inconfessato di una sempre più consistente fetta d'Italia che, come abbiamo avuto modo di vedere, dopo *La vita è bella* ha conosciuto una sostanziale involuzione nell'archetipo e un radicale allontanamento dalla Storia.

La sola straordinaria eccezione costituita dal capolavoro di Caviglia, in questo senso, non aiuta a ben sperare per un futuro di feconda ricerca storica, e l'impressione complessiva che si evince dalla visione dei titoli citati in queste pagine è che la cultura italiana non sia ancora riuscita a scendere a patti con il tema delle responsabilità nazionali della Shoah. Anzi, l'apparente proliferazione di titoli sulla questione, dettata prevalentemente dal bisogno di sfruttare in chiave commerciale una nuova fetta di mercato nata a ridosso dell'istituzione della Giornata della Memoria (si pensi alle scuole, affamate di nuovi titoli da proporre agli studenti) ha ottenuto l'effetto paradossale di aumentare l'insofferenza proprio di quegli spettatori che vorrebbe raggiungere. In questo quadro, purtroppo, la verità storica resta sullo sfondo e il dibattito nazionale ancorato a questioni di principio che difficilmente potranno mai portarci da qualche parte.

Andrea Minuz

Hollywood e il racconto della Shoah dopo *Schindler's List*

Quando nell'estate del 2010 uscì *Toy Story III*, terzo episodio della celebre saga della Pixar e primo film d'animazione a superare il miliardo di dollari al box-office, giornali autorevoli si interrogarono sui significati della vicenda convenendo che il modello di riferimento di *Toy Story III* fosse il cinema della Shoah.[1] L'asilo lager con i bambini che strapazzano i giocattoli, gli spietati orsi di peluche come sorveglianti, la lotta per la sopravvivenza, le marce per evitare di finire nella discarica con gli inceneritori, tutto diventava un'allegoria dei campi e della "soluzione finale". Nella possibilità di leggere *Toy Story III* come "un film sulla Shoah" si esprime bene il cortocircuito del rapporto tra la cultura di massa, l'immaginario dei cosiddetti Holocaust film e lo spazio che occupa oggi la memoria della Shoah nel discorso pubblico. In questo saggio affronteremo in particolare i vari modi in cui il cinema hollywoodiano ha rielaborato il trauma della Shoah nel periodo successivo a *Schindler's List* (Steven Spielberg, 1993), film che rappresenta uno spartiacque decisivo, non solo per il cinema americano. Da lì bisogna partire per poi tracciare le coordinate di riferimento delle principali strategie con cui Hollywood ha continuato e continua a raccontare l'universo concentrazionario e le vicende legate alla persecuzione degli ebrei d'Europa durante la Seconda guerra mondiale.

1. *Dopo* Schindler's List

Nella costruzione culturale della memoria della Shoah c'è un prima e un dopo *Schindler's List*. Sin da subito apparve chiaro che l'enorme impatto del film di Steven Spielberg non era riducibile solo a un fenomeno cinematografico di successo o al perimetro culturale della cosiddetta "americanizzazione dell'Olocausto".[2] Il

1. Cfr. in sintesi, Lou Lumenick, *Is Toy Story 3 a Holocaust Allegory?*, in «New York Post», 27 giugno 2010: https://nypost.com/2010/06/17/is-toy-story-3-a-holocaust-allegory/.

2. Per una ricognizione generale sul film e il suo primo impatto nella critica e nei discorsi sulla memoria della Shoah si veda *Spielberg's Holocaust. Critical Perspectives on Schindler's List*, a cura di Yosefa Loshitzky, Bloomington, Indiana University Press, 1997.

successo di *Schindler's List* investiva questioni più ampie, a cominciare dal ruolo e dal destino della memoria della Shoah nell'epoca della globalizzazione. A partire dalla metà degli anni Novanta, *Schindler's List* diventa il veicolo di un definitivo innesto della Shoah nella cultura popolare, e il simbolo del suo uso universale e metaforico nello spazio pubblico.[3] In tal senso è un film emblematico di quei processi che conducono a una nuova *cosmopolitan memory*,[4] cioè alla riscrittura dei significati storici, etici, morali della Shoah in una pluralità di temi, contesti, discorsi transnazionali, con tutti i rischi, le deformazioni e i cortocircuiti che ciò comporta. Allo stesso tempo, gli anni Novanta sono un periodo di trasformazioni radicali per l'industria di Hollywood, chiamata a rimodellare il proprio assetto sulla scia della rivoluzione digitale e delle grandi fusioni finanziarie che danno luogo ai cosiddetti *media conglomerates*, a nuove forme di assemblaggio e distribuzione del prodotto cinematografico, pianificato in funzione di un mercato globale e realizzato non di rado lontano da Hollywood.[5] A partire dalla fine degli anni Novanta il rapporto tra il cinema e la memoria della Shoah sarà sempre meno riconducibile a una logica nazionale e sempre più preso nelle dinamiche di un mercato e un'audience globali.

I primi effetti della grande popolarità di *Schindler's List* investirono tuttavia il circuito della memoria dei luoghi simbolo della Shoah. Ben presto, oltre alla diffusione capillare del film nel mercato cinematografico internazionale, i luoghi in cui Spielberg aveva girato *Shindler's List* divennero meta obbligata di un nuovo modello di turismo della memoria che integrava la visita al lager di Auschwitz con le strade e gli edifici di Cracovia utilizzati come set per il film.[6] È un passaggio che descrive bene la dispersione dei significati di Auschwitz dentro un immaginario sempre più eterogeneo e composito. L'immediato trionfo di critica e di pubblico di *Schindler's List* fu poi letto come uno snodo cruciale della carriera di Steven Spielberg. Considerato sino a quel momento poco più di un abile intrattenitore hollywoodiano, un formidabile money-maker legato all'immaginario dei grandi blockbuster degli anni Ottanta, Spielberg rivendicava ora le proprie radici ebraiche e la possibilità di costruire un cinema storico, di grande impatto civile e morale in funzione di un pubblico di massa. Il successo dell'operazione *Schindler's List* agì così anche come una sorta di riscatto complessivo del cinema popolare americano: *Schindler's List* non era solo l'ennesimo blockbuster hollywoodiano che travolgeva il mercato cinematografico mondiale, ma un film americano che si appropriava della storia europea. Questa duplice natura dell'operazione condusse ben presto all'opposizione culturale tra *Schindler's List* e *Shoah*, il documentario di Lanzmann

3. Si veda in sintesi Guri Schwarz, *La Shoah come paradigma: memoria dell'evento e paragoni (im)possibili*, in Francesca R. Recchia Luciani, Claudio Vercelli, *Pop Shoah? Immaginari del genocidio ebraico*, Genova, Il Melangolo, 2016, pp. 158-185.

4. Cfr. Daniel Levy, Natan Sznaider, *The Holocaust and Memory in the Global Age*, Philadelphia, Temple University Press, 2006.

5. Cfr. *The Contemporary Hollywood Film Industry*, a cura di Paul McDonald e Janet Wasco, Hoboken, Blackwell-Wiley, 2007.

6. Sui modelli cinematografici del "turismo delle memoria" si veda Guido Vitiello, *Fuoricampo. Immaginare (e ricostruire) Auschwitz al cinema*, in *L'invenzione del luogo. Spazi dell'immaginario cinematografico*, a cura di Andrea Minuz, Pisa, Ets, 2011, pp. 141-162.

realizzato nel 1985, considerato la risposta artistica più radicale alla sfida rappresentativa dell'Olocausto elaborata dal cinema europeo. Quella tra *Schindler's List* e *Shoah* è un'opposizione in cui si confrontano non soltanto le due vocazioni del cinema, quella industriale legata alla logica di Hollywood e quella documentaristica, in questo caso intesa nella forma di un estenuante lavoro sulla testimonianza.[7] In modo più ampio, questi due film riproponevano in un contesto ormai globale l'alternativa tra l'indicibilità di Auschwitz, la sua sacrale irrappresentabilità, e, viceversa, la sua universalizzante lezione morale, la sua specifica dimensione di paradigma etico per stabilire il confine netto tra il bene e il male.

Tutta l'iconografia contemporanea della memoria della Shoah risente dell'universo visivo di *Schindler's List*. Si pensi, solo per fare un esempio, al celebre cappotto rosso, una delle scene più note del film. Il modo in cui questo simbolo si è via via sganciato da *Schindler's List* per essere riscritto in una vasta pluralità di contesti e significati è assolutamente emblematico delle forme di circolazione della memoria nel lessico della cultura visiva contemporanea. C'è anzitutto la sua trasformazione in prodotto editoriale: Roma Ligocka, sopravvissuta al rastrellamento del ghetto di Cracovia si riconosce nella bambina del film di Spielberg e nel 2003 pubblica un libro di memorie, *The Girl in The Red Coat*, con in copertina una sua foto da piccola, in bianco e nero, ma con il cappotto colorato di rosso. Nel 2013, a vent'anni dall'uscita di *Schindler's List*, Oliwia Dabrowska rilascia invece un'intervista al «Times», dove appare fotografata con un cappotto rosso, dichiarando di essere rimasta scioccata dall'esperienza del set e confessando che in tutti questi anni – con un processo inverso a quello di Roma Ligocka – aveva provato a liberarsi di questo ricordo, a rifiutare l'immagine di sé stessa bambina. Tra serie tv, film, libri, social network, opere di street art, installazioni artistiche, immagini della cronaca, non si contano le citazioni, gli omaggi, le appropriazioni di questo simbolo in un contesto sempre più espanso, stratificato, sempre più distante dai riferimenti storici alla Shoah. La centralità dell'iconologia del cappottino rosso, come ha notato Damiano Garofalo, che alla dispersione di questo segno ha dedicato un'analisi approfondita, ruota anzitutto intorno al fatto che a indossarlo sia una bambina:

> Dalla foto del bambino del ghetto di Varsavia, studiata e decostruita da Frederic Rousseau, all'immagine di Kim Phuc, bambina vietnamita nuda che fugge dal fuoco del napalm, siamo sempre di fronte a "immagini-icone fortemente standardizzate, depositate nella nostra memoria visiva globale", "icone laiche" da utilizzare come "memento mori, oggetti di contemplazione che permettono di rendere più profondo il senso della realtà". L'immagine in movimento del cappottino rosso, pur non essendo una fonte documentaria, assume nell'immediato un valore iconico analogo, se non superiore a tutte queste immagini.[8]

7. Cfr. Miriam Bratu Hansen, *"Schindler's List" is not "Shoah": Second Commandment, Popular Modernism, and Public Memory*, in «Critical Inquiry», 22 (1996), pp. 292-312.

8. Damiano Garofalo, *Red Coat Reloaded, Schindler's List, l'immaginario della Shoah e la cultura pop*, in *Pop Shoah?*, pp. 83-84. Le citazioni interne sono rispettivamente di Patrizia Violi, *Paesaggi della memoria. Il trauma, lo spazio, la storia*, Milano, Bompiani, 2014; Susan Sontag,

La bambina con il cappotto rosso entra così in concorrenza con l'icona di Anna Frank, anch'essa riscritta e reinventata in una parata di citazioni e appropriazioni fuori contesto, per diventare non solo il simbolo popolare della memoria della Shoah, ma l'icona della speranza, della lotta contro l'intolleranza e l'oppressione, del trionfo del bene sul male. La tag-line di *Schindler's List* («chiunque salva una vita salva il mondo intero»), presa dal Talmud, riprodotta nelle locandine del film, quindi incisa in una lapide davanti la ex-fabbrica di Oskar Schindler, a Cracovia, diventa così la chiave di lettura universale della vicenda raccontata da Spielberg. Una delle tante storie legate alla Shoah che finisce per trasformarsi, nell'immaginario collettivo, *nella* storia della Shoah.

In questo senso, *The grey zone* (*La zona grigia*, Tim Blake Nelson, 2001) è uno dei primi film americani costruito in aperta contrapposizione a *Schindler's List*, al suo successo, al suo messaggio di speranza e alla vocazione universalistica della vicenda raccontata da Spielberg. Nel titolo riecheggia il Primo Levi de *I sommersi e i salvati*, ma *La zona grigia* è un adattamento dell'omonimo testo teatrale di Tim Blake Nelson, regista del film, basato in gran parte sul libro dell'ebreo ungherese, Miklos Nyiszli, *Memorie di un medico deportato ad Auschwitz*, uscito poco dopo la fine della Seconda guerra mondiale. Nyiszli, che aveva lavorato come medico in Germania, venne impiegato da Mengele come capo patologo di Auschwitz e fece parte di una squadra di Sonderkommando addetta ai forni crematori del campo. Partendo dalla sua testimonianza, *La zona grigia* trascina lo spettatore in una dettagliata ricostruzione del Krematorium II, nella bolgia infernale della sala dei forni, tra i dettagli mostruosi del complesso processo di incenerimento. È un film claustrofobico, lanciato nella ricerca disperata di un realismo estremo, come per misurare il tasso di atrocità che il pubblico è disposto a sopportare nelle rappresentazioni cinematografiche dell'universo di Auschwitz.[9] Nonostante un cast con Harvey Keitel, Steve Buscemi, David Arquette e Mira Sorvino il film andrà piuttosto male al box-office e verrà poco distribuito in Europa. D'altro canto, *The Grey Zone* abbandona la dicotomia che oppone le vittime e i carnefici per affrontare i paradossi morali, i dilemmi etici di una categoria intermedia, un universo al di là del bene e del male, dove anche il sistema dell'identificazione spettatoriale viene messo in crisi: non ci sono eroi, non c'è redenzione, solo la morte come esperienza quotidiana, come routine, e la ricerca di una forma di sopravvivenza. Siamo davvero agli antipodi del film di Spielberg, della logica testimoniale e catartica della finzione cinematografica, dell'innesto della memoria della Shoah nella cultura popolare: l'universo dei Sonderkommando si presta poco agli schemi narrativi del melodramma costruito sull'arco di trasformazione interiore di un personaggio principale. Il tema tuttavia è nell'aria. Nel 2001 viene organizzata

Davanti al dolore degli altri, Milano, Mondadori, 2006 (ed. or. *Regarding the Pain of Others*, New York, Farrar, Straus and Giroux, 2002).

9. Si veda il capitolo dedicato a *The Grey Zone* in Matthew Boswell, *Holocaust Impiety, in Literature, Popular Music and Film*, London, Palgrave Macmillan, 2012.

a Parigi, all'Hotel de Ville, l'esposizione *Mémoire des camps. Photographies des camps de concentration et d'extermination nazis (1933-1999)*, che contiene le quattro fotografie scattate clandestinamente dei membri del Sonderkommando del crematorio V di Auschwitz-Birkenau. Il testo introduttivo del catalogo è curato dallo storico dell'arte George Didi-Huberman e poco dopo diventerà un saggio di grande successo editoriale, *Immagini malgrado tutto*, che aprirà un vasto dibattito etico-filosofico sul rapporto tra immagine e testimonianza nella costruzione culturale della memoria della Shoah.

2. *Holocaust Film, star system e logica dei generi*

Sulla scia della vasta eco prodotta da *Schindler's List* e *La vita è bella* (Roberto Benigni, 1997), a cavallo tra la fine degli anni Novanta e i primi anni Duemila il successo di film, libri, iniziative pubbliche, mostre e quant'altro riguardi in qualche modo l'Olocausto appare inarrestabile. Nel giugno del 2000, il Center for Advanced Holocaust Studies dell'Holocaust Museum di Washington D. C. organizza un workshop di due settimane dedicato al fenomeno dell'Holocaust film e alla loro lettura e ridefinizione dentro il sistema dei generi cinematografici americani. L'idea di guardare ai film che attraversano le vicende della Shoah come a un genere cinematografico è suggerita soprattutto dalle produzioni hollywoodiane e dal coinvolgimento di grandi nomi dello star system. Solo nel 2008: Kate Winslet (*The Reader*; *A voce alta*, Stephen Daldry), Tom Cruise (*Valkyrie*; *Operazione Valchiria*, Bryan Singer), Daniel Craig (*Defiance*; *I giorni del coraggio*, Edward Zwick), Vera Farmiga (*The Boy in the Striped Pajamas*; *Il bambino con il pigiama a righe*, Mark Herman); fino a Quentin Tarantino con l'operazione *Inglourious Bastards* (*Bastardi senza gloria*). Non a caso, proprio in quell'anno, il «New York Times» si interrogava sul numero sempre crescente di film di grande budget dedicati alle vicende della Shoah, trattati ormai come un genere cinematografico che non ha più molto a che fare con il problema dell'irrappresentabilità di Auschwitz, o con le politiche della memoria o i limiti etici e morali della finzione alle prese con l'universo concentrazionario.[10]

The reader, per esempio, adattamento cinematografico del romanzo di Bernhard Schlink, *A voce alta* (uscito nel 1995), viene definito con l'etichetta non lusinghiera di «Holocaust Chic».[11] È un film di grande prestigio nella confezione e nella messa in scena, costruito intorno a una formidabile performance di Kate Winslet ma dove appunto le dinamiche della Shoah, evocata come un fantasma, sullo sfondo della vicenda, sembrano funzionare più che altro come

10. Anthony Oliver Scott, *Why So Many Holocaust Films Now and For Whose Beneift?*, in «New York Times», 21 novembre 2008.

11. Cfr. Norman Lebrecht, *Holocaust chic or a true examination of good and evil?*, in «London Evening Standard», 18 dicembre 2008: https://www.standard.co.uk/news/holocaust-chic-or-a-true-examination-of-good-and-evil-6903278.html.

pretesto di legittimazione culturale di un'operazione che fa leva anzitutto sulle scene di nudo e sulla conturbante carica erotica dell'attrice. Hanna Schmitz (Kate Winslet) è un'ex guardia del campo di Auschwitz che nella Berlino del dopoguerra seduce un ragazzo più giovane di lei, il quale non sa nulla del suo passato nazista. A distanza di anni finirà poi sotto processo per i suoi crimini. Ma il film non si concentra sulla vicenda processuale. Indugia semmai sui momenti intimi, sulle scene di sesso, sugli amanti immersi nella vasca che leggono "a voce alta" brani di un libro. «Quello che è specialmente repellente», scriveva Charlie Finch recensendolo con toni molto duri, «è l'uso del corpo attraente di Kate Winslet per creare un clima di comprensione nei confronti di un personaggio odioso i cui crimini non vengono mostrati».[12] *The Reader* recupera quindi le atmosfere morbose di film come *Il portiere di notte* (Liliana Cavani, 1974) e si riaggancia in generale a quel controverso, ambiguo, diffuso processo di erotizzazione dell'immaginario nazista che negli anni Settanta coinvolse sia la cultura di massa che la produzione più colta e raffinata (Visconti, Pasolini, Fassbinder). È quello che Primo Levi definiva "il filone sadico-pornografico" dei film sull'universo concentrazionario, polemizzando anche con Liliana Cavani intorno a *Il portiere di Notte*, che Levi definiva «bello e falso».[13] La falsità aveva a che fare in questo caso con un'operazione artistica che puntava a trasformare la morte in un tema "culturalmente chic". L'estetizzazione e l'erotizzazione del nazismo degli anni Settanta permettevano cioè di legittimare il discorso sessuale dentro un processo di autenticazione storico-civile (l'antifascismo) e intellettuale (la riflessione metastorica sulla dialettica vittima-carnefice). Primo Levi era molto scettico nei confronti di questa vulgata psicanalitica e poco propenso a trasformare il rapporto "vittima-carnefice" in una sorta di universale psichico: «Non mi interessa sapere se nel mio subconscio si annida un assassino, ma so che vittima incolpevole sono stato e assassino no».[14]

Ma a distanza di quarant'anni sembra non ci sia più molto spazio per dibattiti del genere. Il contesto dell'Holocaust film è profondamente cambiato. Non a caso, il regista di *The Reader*, Stephen Daldry, rispondeva alle critiche con un lapidario, «Mi dispiace, ma ci sono circa 225 film sull'Olocausto. Penso che ci sia spazio anche per il mio».

The Reader riprende dunque tutte le ambiguità del trattamento cinematografico dei carnefici, cifra specifica dell'erotizzazione dell'immaginario nazista negli anni Settanta, e allo stesso tempo si pone in continuità con la produzione hollywoodiana degli anni Duemila, dove sulla scia dell'operazione *Schindler's List*, la Shoah è anche un terreno di contaminazione tra i generi del cinema americano e l'European art cinema. Un veicolo di quello che Miriam Hansen definisce

12. Charlie Finch, *The Personal is Not Political*, su Artnet.com: http://www.artnet.com/magazineus/features/finch/finch12-01-08.asp.

13. Cfr. Andrea Rondini, *Bello e falso. Il cinema secondo Primo Levi*, in «Studi Novecenteschi», 34/73 (2008), pp. 57-100.

14. Ivi, p. 63.

modernismo vernacolare, *o popular modernism*[15] (una continuità che nel caso di *The Reader* è inscritta inoltre anche nella partecipazione di Ralph Fiennes, che interpreta il giovane amante da adulto).

All'opposto dell'erotizzazione c'è il mondo dell'infanzia, l'universo della Shoah visto con gli occhi dei bambini. Qui, ovviamente, il modello di riferimento è l'operazione *La vita è bella*, film italiano ma pensato e pianificato in funzione di Hollywood e del mercato internazionale. In questo contesto *Il bambino con il pigiama a righe*, tratto dall'omonimo romanzo di John Boyne, si fonda su un meccanismo narrativo di taglio favolistico che restituisce l'assurdità della vita dei campi attraverso l'innocenza di un bambino tedesco di otto anni, Bruno, figlio di un comandante nazista, ignaro di cosa gli stia accadendo intorno. La storia della sua amicizia con Shmuel, ragazzo ebreo imprigionato in un campo, accompagna lo spettatore in un percorso melodrammatico costruito in funzione della prevedibile catarsi finale. Il filo spinato che divide i due bambini non è solo una cornice storica precisa ma diventa casomai emblema universale del pregiudizio, dell'odio, della violenza, della discriminazione etnica, di «ciò che l'uomo ha fatto all'uomo».[16] In questo senso, il più recente *Jojo Rabbit* (Taika Waititi, 2019) rompe gli schemi tradizionali del cinema della Shoah e apre un altro capitolo. Se in *Il bambino con il pigiama a righe*, Bruno, costretto a trascorre molto tempo da solo, trova rifugio nelle proprie fantasie e nell'amicizia con Shmuel, qui la fantasia dilaga ed è il motore stesso di tutto il racconto, la rocambolesca vicenda di un bambino tedesco nella Germania nazista, detto Jojo, che ha per amico immaginario un Adolf Hitler in versione clownesca. La cifra favolistica lascia spazio alla fantasia e all'umorismo surreale più sfrenati trasportando lo spettatore in un'atmosfera molto diversa dal canone lacrimevole costruito da *La vita è bella*. Ma il fatto che sia *Il bambino con il pigiama a righe* che *Jojo Rabbit* abbiano per protagonista un bambino tedesco è anche il segno di una distanza storica che favorisce un'identificazione spettatoriale disposta a sposare il delicato legame tra innocenza (l'infanzia) e Germania nazista. Allo stesso tempo, l'idea che Adolf Hitler possa essere interpretato da un attore di origini maori (Taika Waititi, che è anche regista del film) descrive bene un contesto in cui la storia, la memoria e l'immaginario globale si ridefiniscono in una ampia varietà di combinazioni.

Nel corso degli anni zero si registra anche un coinvolgimento sempre maggiore delle produzioni televisive americane e inglesi nel racconto degli eventi della Shoah. Hbo realizza in co-produzione con la Bbc *Conspiracy* (Frank Pierson, 2001), dettagliata ricostruzione della conferenza di Wannsee, la riunione tenutasi nei pressi di Berlino, il 20 gennaio 1942, in cui vennero discussi gli aspetti

15. Cfr. Hansen, *"Schindler's List" is not "Shoah*. Si veda anche Miriam Bratu Hansen, *La produzione di massa dei sensi. Il cinema classico come modernismo vernacolare*, in «La Valle dell'Eden», 4 (2000), pp. 17-37.

16. Come dice Alvin Rosenfeld a proposito del percorso educativo del complesso dell'Holocaust Memorial Museum di Washington: esso non parla di ciò che i tedeschi hanno fatto agli ebrei, ma di ciò che l'uomo ha fatto all'uomo. Alvin Rosenfeld, *The Americanization of the Holocaust*, Ann Arbor, University of Michigan, 1995 p. 130.

burocratici, legali e organizzativi della Shoah. La Bbc produce, *The Eichman Show* (*Il processo del secolo*, Paul Andrew Williams, 2015), sul dietro le quinte delle riprese televisive al processo contro Adolf Eichman, e, in co-produzione con Warner, realizza *Denial* (*La verità negata*, Mick Jackson, 2016), tratto dal libro della storica americana Deborah Lipstadt, che racconta la complessa battaglia legale portata avanti dal 1996 al 2001 per difendersi dall'accusa di diffamazione del negazionista David Irving. Come nel caso dei film hollywoodiani già evocati si tratta di produzioni che puntano anche sulla forza del cast (Kenneth Branagh, Stanley Tucci, Colin Firth in *Conspiracy*, Rachel Weisz in *Denial*) e sviluppano la tradizione del *legal drama* come alternativa documentale e storica alla logica melodrammatica o alla rappresentazione scioccante dell'orrore. Allo stesso tempo, *Conspiracy*, *Denial* e *The Eichman Show* recuperano un genere e un modello di racconto che rientra nel vaso orizzonte dell'Holocaust film hollywoodiano, sin da *Judgment at Nuremberg* (*Vincitori e vinti*, Stanley Kramer, 1961).

3. *Da Tarantino a Amazon*

In *Shutter Island* (Martin Scorsese, 2010), intricata vicenda ambientata in un manicomio criminale, il personaggio interpretato da Leonardo Di Caprio (il capo della polizia locale, Teddy Daniels) rivive in oscuri flashback la sua partecipazione al massacro di Dachau (un atto di rappresaglia dei militari americani che giustiziarono vari prigionieri tedeschi una volta entrati nel campo). Più che un luogo reale, *Shutter Island* è uno spazio finzionale che confonde e fa sconfinare uno nell'altro presente e passato, vissuto e immaginario, mettendo insieme, in una trama complessa, schizofrenia, trauma, disturbi della personalità, lobotomia. Ma il film di Scorsese è una macchina investigativa che frana pezzo dopo pezzo per lasciare emergere la dimensione traumatica, inconscia, irrazionale della memoria. È un *puzzle film* che fa propria la confusione tra stati reali e allucinatori in cui si riverbera l'idea, tipicamente postmoderna, di una memoria storica ormai inseparabile dall'universo dell'immaginario, in cui il trauma si esprime solo nel quadro di una serie eterogenea di narrazioni in cui la gerarchia degli eventi, la differenza tra fatti, interpretazioni, finzioni, fantasie collettive non è più decisiva. In *Inglourious Basterds* (*Bastardi senza gloria*, Quentin Tarantino, 2009), l'universo nazista e la persecuzione degli ebrei d'Europa entrano come un pezzo della cultura di massa, ipermediatizzato, filtrato in una serie di allusioni, citazioni, rimandi ad altri film. Dall'omaggio a *Quel maledetto treno blindato*, vecchio B-movie di Enzo Castellari, alle citazioni di Lubitsch (*To Be or not to Be*, 1942) ai rimandi a Leni Riefensthal, Ford, Pabst, Fassbinder, Clouzot e altro ancora. Sia Scorsese che Tarantino trattano la memoria storica legata alla Shoah come un testo postmoderno, aperto a interpretazioni, riletture, innesti, proliferazione di altri testi. Ma a differenza di Scorsese che costruisce il suo film lungo il gioco di specchi tra narrazioni non-lineari ed esperienza del trauma, Tarantino si muove lungo l'orizzonte di un postmoderno ludico, disincantato, dove tutto è cinema, tutto è immaginario. Non c'è un genere di riferimento in cui fa rientrare *Bastardi senza gloria*, ma una mescolanza di motivi, situazioni, dialoghi che provengono dal western, dalla commedia, dal gangster movie, dal melodramma, con in più l'innesto di documentari di guerra e inserti vari che funzionano come una parodia dei cinegiornali d'epoca (sul celebre modello dell'incipit di *Citizen Kane* di Orson Welles). Sin dalla prima inquadratura – il tipico campo lungo di un paesaggio western dove poi appare la didascalia che ci colloca nella Francia occupata dai nazisti – appare chiaro che Tarantino intende incorniciare la storia e la memoria dentro l'immaginario cinematografico. A differenza di *Pulp Fiction* o *Jackie Brown*, dove lo sfoggio di citazioni e omaggi cinefili era costruito nelle forme del piacere ludico, della complicità con il patrimonio di conoscenze del suo spettatore, con *Inglourious Basterds* il cinema diventa una forma di riscrittura e appropriazione della storia. L'idea che Hitler possa rimanere ucciso in un attentato in un cinema di Parigi e che gli ebrei diano la caccia ai nazisti verrà bollata con l'etichetta di "revisionismo", termine che ha poco a che fare con la critica cinematografica e le ambizioni di un film di Tarantino che come sempre celebra anzitutto il suo amore per il cinema. *Inglourious Basterds* darà avvio a un grande dibattito che per certi versi ricalca quello innescato da *Schindler's List*. Come in quel caso, ci si trova di fronte a un regista che sino a quel momento era visto come un nerd cinefilo alle prese con un cinema di genere ma che ora affrontava a suo modo il tema della persecuzione degli Ebrei d'Europa durante il nazismo. Tuttavia, mentre Spielberg aveva costruito un grande affresco storico imperniato su una storia esemplare, Tarantino continuava a rifarsi al suo immaginario fatto di fumetti, violenza e film exploitation. Saranno molti i critici a considerare l'operazione di *Inglourious Basterds* offensiva o stupida ma il film di Tarantino segnerà un'altra tappa importante nelle continue trasformazioni dei modelli di rappresentazione del cinema alle prese con il nazismo e la memoria della Shoah.[17] L'immagine di Méleanie Laurent (Shosana) che prende fuoco mentre celebra la sua vendetta contro i nazisti è l'icona controversa, ambigua, ironica, delle sconfinate possibilità combinatorie dei rapporti tra cinema, immaginario, storia e memoria.

D'altro canto, all'universo tarantiniano è senza dubbio riconducibile *Hunters*, la serie prodotta nel 2020 da Amazon sulla caccia ai nazisti infiltrati nelle istituzioni americane. C'è il recupero delle atmosfere dei thriller della Hollywood anni Settanta che avevano già affrontato temi simili – *Marathon Man* (*Il Maratoneta*, John Schlesinger, 1976); *The Boys form Brazil* (*I ragazzi venuti dal brasile*, Franklin J. Schaffner, 1978), ma c'è anzitutto la mediazione decisiva di *Inglourious Basterds*, particolarmente evidente nella regia, nella messa in scena, e in generale nella rappresentazione grafica della violenza. D'altro canto è probabile che proprio dal mondo della serialità televisiva verranno le prossime narrazioni capaci di riconfigurare in modi inediti i rapporti tra l'immaginario della cultura di massa, il patrimonio di generi del cinema americano e la memoria culturale della Shoah.

17. Per una ampia ricognizione sulla prima ondata di critiche al film di Tarantino, si veda Ben Walters, *Debating Inglourious Bastards*, in «Film Quarterly», 63/2 (2009), pp. 19-22: https://filmquarterly.org/2009/12/01/talking-point-debating-inglorious-bastards/.

Ivelise Perniola

Evocare, ricostruire, testimoniare: percorso storico attraverso il documentario italiano e la Shoah

1. *Rimozione e afasia*

I giorni di gloria del neorealismo erano appena iniziati (per parafrasare un celebre documentario post-bellico di Visconti, De Sanctis, Pagliero e Serandrei). Nel 1945 esce *Roma, città aperta* di Roberto Rossellini, che ritrae con pregnanza cattolici e antifascisti uniti coraggiosamente contro il nemico nazi-fascista; nel 1946 *Paisà*, secondo momento della trilogia della guerra rosselliniana, centrato sulla risalita degli Alleati dalla punta dello stivale verso il Delta Padano; nel 1948 il terzo capolavoro rosselliniano, *Germania, anno zero*, amaro ritratto dell'infanzia tedesca distrutta dalla cieca ingiustizia della guerra. Nello stesso anno approdano nelle sale italiane *Ladri di biciclette* di De Sica e Zavattini e *La terra trema* di Luchino Visconti, affreschi minimalisti in un caso e grandiosi nell'altro della vita degli umili, degli ultimi, dei diseredati della terra e del mare. La stagione d'oro del neorealismo italiano si esaurisce in una lenta agonia, nel 1952 con il celeberrimo invito alla spensieratezza andreottiana e con il canto del cigno di *Umberto D.* In questi anni, immediatamente dopo la fine del conflitto, il documentario italiano era stato rinvigorito dalla legge n. 958 del 29 dicembre 1949[1] che prevedeva la proiezione obbligatoria di un documentario prima del film a soggetto e un incentivo statale proporzionale all'incasso del film in abbinamento e allo stesso tempo penalizzato dai vincoli estetici che tale legge stoltamente indicava, come la censura preventiva sui soggetti, la durata massima fissata a 300 metri di pellicola (poco più di dieci minuti di proiezione) e l'invito a realizzare i documentari a colori, perché più cartolineschi e più esteticamente attraenti. Quindi il documentario per poter accedere ai finanziamenti, unica prerogativa per la sua visibilità, doveva essere bello, innocuo e breve; caratteristiche che mal si accompagnano alla volontà di testimoniare e denunciare gli orrori appena trascorsi.

A tale contesto produttivo si accompagnò la riluttanza dei sopravvissuti all'Olocausto nel testimoniare e il desiderio, profondamente umano, di ricominciare e dimenticare, di reinserirsi nella società civile (anche se ormai la fiducia in

1. Cfr. Marco Bertozzi, *Storia del documentario italiano. Immagini e culture dell'altro cinema*, Venezia, Marsilio, 2008.

qualsiasi forma di civiltà era decisamente difficile da difendere) e nel mondo professionale e affettivo. Il neorealismo aveva coraggiosamente raccolto il testimone della denuncia, lasciando però cautamente fuori la narrazione, ancora peraltro molto lacunosa, dello sterminio ebraico (tema al quale Rossellini si avvicinò *en passant* soltanto ne *Il generale Della Rovere* del 1959).

Nel 1945 viene girato il documentario italiano più esplicito e più rabbioso dell'immediato secondo dopoguerra, il già evocato *Giorni di Gloria*.[2] Il documentario, firmato a quattro mani, vede l'alternarsi degli autori nelle riprese. I ruoli furono equamente suddivisi: Marcello Pagliero girò le sconvolgenti immagini del ritrovamento dei 335 cadaveri delle Fosse Ardeatine, Luchino Visconti presenziò il processo a Pietro Caruso, il linciaggio di Carretta, direttore del carcere romano di Regina Coeli, le fucilazioni di Caruso e del famigerato Pietro Koch; De Sanctis infine girò alcune ricostruzioni di guerriglia partigiana, mentre Serandrei, uno dei migliori montatori italiani, si preoccupò di dare coerenza al tutto attraverso un montaggio serrato e ritmato. La prospettiva interpretativa è quella della resistenza italiana e della lotta di liberazione partigiana, in cui ebrei e gentili si mescolavano in nome di un ideale comune e in cui il processo di sterminio può essere inquadrato solo attraverso la logica della guerra, dell'opposizione, della resistenza e dell'antifascismo. La specificità ebraica dell'Olocausto non è ancora rivendicata, come evidenzia Robert S. C. Gordon, in uno dei testi più interessanti sulla recezione della Shoah in Italia, in questo primo periodo:

> Per molti autori la deportazione è vissuta come resistenza, o alla lettera come la Resistenza, troncata o proseguita, e i detenuti nei campi plasmano la propria identità e strategia di sopravvivenza, e la loro dignità nel ritorno, aderendo ad un'identità come partigiani o come soldati, entrambe figure patriottiche, così che il discorso diventa anche la rivendicazione di un'identità nazionale.[3]

Nel campo del cinema documentario si assiste dunque a uno scivolamento verso altri significati, più pressanti dal punto di vista nazionale oppure a un oscuramento totale. Senza dimenticare che nel 1956 Alain Resnais realizza in Francia un'opera imbattuta, *Nuit et bruillard* (*Notte e nebbia*), documentario con il quale tutti coloro che si avvicineranno alla Shoah dovranno necessariamente confrontarsi. Nel contesto italiano però è troppo presto per ricordare, per testimoniare e diventa centrale il passare del tempo per consentire alla memoria di ricostituirsi e di cementarsi:

> La memoria di fatti accaduti precedentemente al momento della raccolta testimoniale e alla sua archivazione presenta un inquietante carattere di costante presenza:

2. Cfr. *Mario Serandrei, gli scritti.* Giorni di gloria, *un film*, a cura di Laura Gaiardoni, Roma, Fondazione Scuola Nazionale di Cinema, 1998.

3. Robert S. C. Gordon, *Scolpitelo nei cuori. L'Olocausto nella cultura italiana (1944-2010)*, Torino, Bollati Boringhieri, 2013, p. 80 (ed. or. *The Holocaust in Italian Culture, 1944-2010*, Stanford CA, Stanford University Press, 2012). Sul tema del cinema e la Shoah in Italia cfr. *La Shoah nel cinema italiano*, a cura di Andrea Minuz e Guido Vitiello = «Cinema e Storia-Rivista di studi interdisciplinari», II/2 (2013).

l'esistenza di un lungo periodo di quiescenza, quasi di oblio, prima che si metta in atto un'azione più complessiva di recupero, di studio e di produzione dei materiali informativi inerenti.[4]

Il lungo oblio si esaurisce nel tentativo di costruire una storia dell'identità ebraica italiana e del suo processo di annientamento e il fatto che inaugura questo racconto non poteva non essere che la data dirimente del 16 ottobre 1943, il giorno della deportazione dal ghetto di Roma; una data centrale che una parte della sinistra italiana voleva trasformare nel giorno della memoria dell'Olocausto italiano, al posto del 27 gennaio, giorno della liberazione di Auschwitz a opera degli Alleati russi. Dalla trasformazione di un evento in creazione di un racconto, con annessa tutta la mitologia della grande narrazione, il passo è breve.

2. *Evocazione e ricostruzione*

Il 1960 è un anno fondamentale: esce *Kapò* di Gillo Pontecorvo, il primo film italiano che narrativizza la Shoah e che la inserisce come momento fondamentale della storia europea, e viene realizzato il documentario di Ansano Giannarelli, *Roma, 16 ottobre 1943*, opera che dà l'avvio a una serie di documentari evocativi che toccano direttamente, senza giri di parole, le responsabilità italiane nella deportazione ebraica. Nel 1961 poi viene girato *L'oro di Roma* di Carlo Lizzani, strettamente legato al documentario di Giannarelli. Lo spirito dei tempi lascia intuire il pericolo di una ricaduta nella spirale dell'antisemitismo e di un nuovo fascismo. A livello internazionale il processo Eichmann fa luce su molti lati oscuri del folle progetto di annientamento nazista, mentre a livello nazionale l'ascesa del governo Tambroni appoggiato dai neo-fascisti e i conseguenti fatti di Genova del 30 giugno 1960 portano alla mobilitazione dell'intellighenzia di sinistra, attraverso la realizzazione di alcuni documentari che registrano lo stato di inquietudine e attingono al passato come monito per un fosco presente. Basti ricordare il film di montaggio *All'armi siam fascisti* (Lino Del Frà, Cecilia Mangini, Lino Micciché, 1962) e *Benito Mussolini. Anatomia di un dittatore* (Mino Loy, 1962). Decisamente influenzato da *Nuit et Bruillard* è *Mathausen Mahnt!* di Piero Nelli (1959). Il titolo del film (*Ricordare Mathausen*) si pone già come una dichiarazione di poetica: ricordare e non documentare, non ricostruire. Il ricordo, la rievocazione, si vivono attraverso il doloroso ritorno sui luoghi del terrore. Il documentario di Nelli si gioca, infatti, sull'alternanza tra immagini fotografiche di archivio e lunghe panoramiche della macchina da presa sugli stessi luoghi in un presente che tende a dimenticare e a rimuovere. *Mathausen Mahnt!*, prodotto dalla Corona Cinematografica, è basato sul testo memoriale di Andrea Gaggero, un sopravvissuto al lager. Il testo di Gaggero, privo di riflessioni troppo personali

4. Paolo Isaja, *Quando la memoria ha bisogno di oblio*, in *A proposito del film documentario*, Annali I, Roma, Archivio audiovisivo del Movimento operaio e democratico, 1998, p. 77.

e trasfigurate, è la nuda cronaca delle torture che i prigionieri erano costretti a subire, direttamente ricondotte ai luoghi in cui avevano sopportato tale strazio. Lo spettatore è invitato a percorrere in compagnia dell'autore un macabro tour della morte attraverso le segrete stanze e i luoghi di tortura («Qui li fucilavano, in queste celle li torturavano. Qui li impiccavano, questa era la camera a gas»). I luoghi ora vuoti e insignificanti si riempiono, nell'immaginazione avviata dal commento descrittivo, di morti accatastati e di corpi sofferenti. La morte non è mostrata, ma è evocata attraverso le parole e le immagini dei luoghi. La morte è altrove, ma costantemente presente, come esteticamente già sperimentato dal documentario di Alain Resnais. Il montaggio amplifica l'evocazione tanatologica creando perturbanti contrasti: una croce su una fossa comune si erge accanto a un calvario, sul quale un ammasso di individui ha agonizzato. Nelli ci mostra quel luogo oggi e a seguire quello stesso luogo ricoperto da migliaia di cadaveri. La macchina da presa si sofferma sul campo coperto da una candida neve che lascia il posto al tiepido sole primaverile:

> Il lager rivisto in queste taglienti immagini di Nelli è deserto e sferzato solo dal vento, dalla pioggia, da una neve bianca che vorrebbe timorosamente dare un altro volto a questo luogo bruciato per sempre.[5]

Nonostante la natura prosegua il suo ciclico cammino, l'inferno creato dagli esseri umani continua a sprigionare il suo terribile potere evocativo.

Mauthausen Manht non venne ammesso, in prima istanza, alla programmazione obbligatoria e fu inoltre vietato ai minori di sedici anni, a causa della crudezza delle immagini mostrate. Il documentario si apre su un muro che reca scritto con la vernice bianca il monito espresso dal titolo; su di esso scorrono i dati informativi del lager: localizzazione, gestione, estensione, capacità, durata (attivo dall'agosto del 1938 al maggio del 1945). La musica di accompagnamento è differente a seconda che faccia da commento alle immagini fotografiche (più aggressiva e violenta) o al percorso della memoria nel presente (più tranquilla ed evocativa). Il viaggio che Nelli fa compiere allo spettatore a Mauthausen si articola lungo gli esterni (nella prima parte del documentario) e lungo gli interni del campo di concentramento (nella seconda parte). Dell'esterno fa parte la terribile cava di granito, dove gli internati erano costretti a lavorare per turni di undici ore al giorno. Sull'immagine attuale del "muro dei paracadutisti", così fu definito dalle SS il luogo dove precipitavano i deportati, Nelli monta la fotografia di un corpo morto, probabilmente caduto giù da quello stesso precipizio, mentre la musica composta da Bruno Nicolai si fa più stridula e aggressiva all'apparire dell'immagine del cadavere. La voce fuori campo aggiunge: «Talvolta erano i deportati stessi che non potendo più oltre resistere, vi si gettavano volontariamente». La parte conclusiva di *Mathausen Mahnt!* si concentra sugli interni del campo di concentramento: le camere a gas, i forni crematori, le zone adibite alle torture più disparate. L'elenco delle nazionalità

5. Giampaolo Bernagozzi, *Dentro la storia*, Bologna, Patron, 1984, p. 111.

dei 722.767 morti identificati offre solo una pallida idea dell'enormità della tragedia. Le ultime parole del documentario sono: «Per il presente e per il futuro, ricordate Mauthausen!».

Il documentario di Nelli è uno degli esempi più interessanti delle opere che possiamo definire "evocative", ovvero documentari che non ricorrono né alla testimonianza, pratica prevalentemente utilizzata a partire dagli anni Ottanta, né al montaggio di materiali e tantomeno alla ricostruzione, ma che piuttosto cercano di suscitare indignazione nello spettatore attraverso la voce fuori campo e il ritorno sui luoghi muti che hanno registrato inerti il passaggio della distruzione.

Occorre ricordare poi l'interessante documentario di Franco Ciusa, *KZ-Konzentrationslager*, sempre degli anni Sessanta, film di montaggio che ripercorre attraverso immagini d'archivio la drammatica escalation di eliminazione degli oppositori perpetrata dai nazisti dai campi di detenzione a quelli di sterminio.

Sulla stessa linea evocativa di Nelli si pone anche il lavoro di Alberto Caldana, *Ceneri della memoria* (1960), pensato come un documentario di 30 minuti complessivi, ma smembrato dalle cieche norme della programmazione obbligatoria in tre documentari da dieci minuti ciascuno: *Ricordo della distruzione*, *Ceneri della memoria*, *Mai più notte*. In un primo momento Caldana era impegnato nella preparazione di un solo documentario che ripercorreva le terribili vicende dell'Olocausto, tuttavia, le recrudescenze dell'antisemitismo in Europa e negli Stati Uniti ispirarono all'autore l'idea di realizzare un altro cortometraggio sulla stessa tematica, ma vissuta dal punto di vista contemporaneo. *Ceneri della memoria*, proprio per gli stretti legami che intratteneva con l'attualità più scottante, venne proiettato in poche sale, a condizione che a ogni uscita venisse fatta preventiva segnalazione ai commissariati di polizia, i quali dovevano predisporre un servizio di sicurezza nei cinema dove i documentari erano in programmazione. Il film, però, passò la commissione di censura senza dover subire tagli o modifiche e la necessità della divisione interna scaturì soltanto da problematiche di ordine economico-distributivo.

La divisione dell'opera crea una frattura interpretativa che evidenzia, invece di smussarle, le ripetizioni interne del testo. Una eccessiva letterarietà del commento (scritto da Tino Ranieri) rende faticosa la lettura del documentario e una mancanza di sviluppo logico trattiene l'opera in un'impasse espressiva di difficile superamento. Siamo, dunque, d'accordo con quanto sostiene Carlo Di Carlo:

> La narrazione procede prolissa, discontinua e con notevoli indugi su particolari di non eccessiva importanza (ci riferiamo in particolare alla seconda parte, quella attualistica). Pensiamo, in sostanza, che tagliando un certo numero di metri, trasformando le due parti in un'unica, ne risulterebbe un'opera di una indubbia efficacia e ne acquisterebbe in incisività ed in sinteticità di narrazione.[6]

Rimane, comunque, lodevole l'intento dell'opera e il tentativo, anche se non perfettamente riuscito, di creare un legame tra gli orrori di ieri e l'oblio distruttore di oggi. Il ricordo del terribile passato nasce da una recrudescenza del presente.

6. Carlo Di Carlo, *Il cortometraggio italiano antifascista*, in «Centrofilm», 26-27 (1961), p. 28.

Ricordo della distruzione, ovvero la parte di documentazione storica di *Ceneri della memoria*, prende proprio avvio da un atto di antisemitismo verificatosi a Roma all'alba dei "civilissimi" anni Sessanta. Il titolo del documentario si riferisce all'antico richiamo al dolore ebraico (*Zéberv Leburbàn* ovvero "ricordo della distruzione"). Un gruppo di neonazisti profana la Sinagoga romana imbrattando la lapide posta a ricordo delle vittime del 16 ottobre 1943. Nella seconda parte del documentario, Caldana ritorna nel ghetto di Roma per raccogliere le testimonianze dei sopravvissuti, dando in questo modo inizio alla costruzione di un racconto collettivo, in grado di cementificare la memoria degli ebrei italiani riconducendo l'inizio del loro calvario a una data simbolica, ricca di connotazioni e di sottotesti, immersa nella complessità dei rapporti tra ebrei romani e gentili e tra la chiesa cattolica e la comunità. Il ghetto di Roma diventa un luogo foriero di simboli, basta ricordare che già nel 1948 Romolo Marcellini, regista legato al regime fascista, gira un curioso documentario dal titolo *Israele a Roma*, con il commento di Luigi Barzini jr. Il documentario ci mostra un ebreo emigrato che ritorna sui luoghi della propria infanzia e giovinezza, nel ghetto romano, alla ricerca dei volti noti e dei luoghi del cuore; opera molto elegiaca, con pochissimi accenni alla deportazione, in cui lo spirito melanconico dell'emigrato e la nostalgia per i luoghi perduti va a smussare la tragicità del destino dei propri simili. Tuttavia il ghetto inizia a entrare nell'immaginario del pubblico italiano, un punto di partenza per incominciare a raccontare la Shoah italiana.

Roma, 16 ottobre 1943, opera prima di Ansano Giannarelli, è tratto dall'omonimo testo di Giacomo Debenedetti, pubblicato per la rivista romana «Mercurio» nel 1944 e poi ristampato più volte nel corso degli anni. Il testo di Debenedetti è l'asciutta cronaca dell'inganno subito dagli ebrei romani, ai quali venne promessa dai nazisti la salvezza in cambio di 50 chilogrammi di oro. Nonostante l'oro raccolto e consegnato in una tragica corsa contro il tempo fosse superiore al quantitativo richiesto, vengono comunque deportati 1.259 ebrei romani e soltanto 15 tra loro riuscirono a fare ritorno, tra i quali una sola donna, Settimia Spizzichino. Il film di Giannarelli, che riscosse numerosi riconoscimenti e venne ammesso alla programmazione obbligatoria, è un'opera ibrida, a metà tra documentario e finzione. Il prologo (prima dei titoli di testa) e l'epilogo sono strutturati attraverso l'uso di immagini fotografiche d'archivio, mentre la parte centrale del film ricostruisce con l'aiuto degli abitanti del ghetto le tappe che portarono alla tragica notte del 16 ottobre. La fotografia è affidata a Marcello Gatti che utilizza un bianco e nero contrastato dal sapore espressionista, mentre la voce fuori campo è quella di Arnoldo Foà. Il commento fuori campo, attraverso date e nomi, ci fa penetrare nella terribile opera di purificazione della razza messa in atto dal regime nazista. Il prologo permette allo spettatore di entrare nel cuore storico-politico della vicenda. Esso si chiude su una cartina dell'Europa: da Berlino si spande una macchia nera che copre tutte le nazioni cadute sotto il tallone tedesco e con effetto di zoom viene avanti una svastica, che occupa l'intera inquadratura. La parte centrale del documentario alterna i luoghi esterni del ghetto romano e gli interni. La geografia dei luoghi diventa topografia del cuore per le vittime e topografia militare per i carnefici. La ricostruzione degli eventi viene condotta in maniera serrata, con

> [...] sequenze drammatiche che ricostruiscono con esattezza la dinamica del rastrellamento delle famiglie ebraiche all'alba, in cui immagini, commento, suoni e musica sono articolati per rendere tutta la violenza "burocratica" e allucinatoria dell'operazione, che impaurisce le vittime fino alla paralisi.[7]

Giannarelli costruisce un racconto efficace, venato da elementi di suspense, creando una vera e propria epica della vicenda, che verrà raccolta, senza grandi modifiche estetiche, anche se con un impianto narrativo più romanzesco, da Carlo Lizzani nel suo *L'oro di Roma* (1961). Il girato della ricostruzione verrà nuovamente utilizzato dallo stesso Giannarelli in un documentario del 1983, *Ebrei e città di Roma durante l'occupazione nazista*, realizzato in occasione dei quarant'anni dalla tragica giornata con la consulenza storica di Bice Migliau e di Anna Rossi-Doria. Questo secondo documentario presenta alcuni elementi interessanti: Giannarelli questa volta alterna le immagini della ricostruzione del suo lavoro del 1960 con le testimonianze dei sopravvissuti e di coloro che erano riusciti miracolosamente a scampare al rastrellamento, i quali, due anni prima di *Shoah* di Claude Lanzmann, vengono invitati a raccontare le loro esperienze direttamente nei luoghi in cui hanno vissuto quei tragici momenti. Alcuni di loro non erano più tornati in quei luoghi dall'ormai lontano 1943. I testimoni del 16 ottobre diventano i protagonisti principali di un racconto che si dirama nel corso degli anni in numerose produzioni documentaristiche che fanno i conti con questo tragico evento, come *Memoria* (1997) e *La razzia* (2018) di Ruggero Gabbai.

3. *Montaggio, testimonianza e rielaborazione*

Negli ultimi anni il discorso visuale sulla Shoah si è declinato secondo il refrain costante della testimonianza, soprattutto a partire dal 1985, quando Claude Lanzmann realizza *Shoah*, l'unico documentario possibile sullo sterminio ebraico, rifiutando programmaticamente l'immagine di archivio, appoggiandosi alla testimonianza come unico mezzo di trasmissione della memoria e dando avvio a un animato dibattito, sviluppatosi soprattutto nel contesto intellettuale francese, che vede fronteggiarsi da un lato i sostenitori dell'immagine feticcio e dall'altro i detrattori, convinti che le immagini esauriscano ogni possibilità di immaginazione e uccidano soprattutto la possibilità di una seppur lontana e imprendibile comprensione.[8] Un massiccio implemento di documentari legati alla testimonianza è dovuto inoltre alla fondazione nel 1994, negli Stati Uniti, della Shoah

7. Antonio Medici, *Il cinema saggistico di Ansano Giannarelli*, Torino, Lindau, 2017, pp. 66-67.

8. Il dibattito intorno alla rappresentabilità della Shoah ha visto fronteggiarsi Gérard Wajcman, *L'objet du siècle*, Lagrasse, Verdier, 1998 e Georges Didi-Huberman, *Images malgré tout*, Paris, Les editions de Minuit, 2003 (tr. it. *Immagini malgrado tutto*, Milano, Raffaello Cortina, 2005). Il dibattito recentemente è stato efficacemente riassunto da Andrea Minuz, *La Shoah e la cultura*

Foundation, creata da Spielberg al fine di conservare su supporto audiovisivo le testimonianze di tutti i sopravvissuti allo sterminio. I filmati della Shoah Foundation, finalizzati alla documentazione, pur avendo come base la testimonianza, sono strutturati secondo un rigido schema etico-formale: l'ambiente nel quale viene ripreso il testimone deve essere familiare; egli è invitato a raccontare la sua vita prima della deportazione, durante e dopo; è gradita la presenza dei coniugi, figli e nipoti, per sottolineare implicitamente come la famiglia rappresenti un sostegno per ritrovare la forza e la voglia di vivere (non diversamente dal finale di *Schindler's List*); il testimone viene lasciato libero di raccontare, non viene forzato a rivivere situazioni che preferirebbe rimuovere né sollecitato laddove preferirebbe omettere. Nel contesto italiano, molte produzioni si adattano a questo schema, in maniera più o meno fedele, e fioriscono anche attraverso il sostegno diretto della Shoah Foundation: ricordiamo *Storie di lotta e di deportazione* del 2002, diretto da Giovanna Boursier e Pier Milanese e centrato sulle testimonianze degli ebrei torinesi, e *Volevo solo vivere* di Mimmo Calopresti del 2006 (con le testimonianze di Shlomo Venezia, Liliana Segre, Settimia Spizzichino, Nedo Fiano, Luciana Nissim Momigliano, Esterina Calò Di Veroli, Andra Bucci, Arminio Wachsberger e Giuliana Fiorentino Tedeschi). I testimoni della deportazione italiana popolano in questi anni l'immaginario visuale della Shoah nostrana, declinando il proprio racconto alle forme narrative prescelte dal regista di turno. Un'ampia produzione è dedicata alle storie regionali e locali come *La risiera di San Sabba* (Gianfranco Rados e Piero Pieri, 1994), *Un improvviso inverno. Gli ebrei e le leggi razziali in Toscana* (Massimo Becattini e Giovanni Maria Rossi, 2004), *Ferrara. I giorni della Shoah* (Leopoldo Gasparotto, 2005), per citare soltanto alcuni documentari in cui l'alternanza di materiale di archivio e la raccolta testimoniale costituisce il *fil rouge* estetico e narrativo del testo filmico. A partire dagli anni Novanta cominciano a diffondersi in maniera sempre più massiccia i viaggi della memoria verso Auschwitz, itinerari del dolore pensati per gli studenti delle scuole superiori, guidati da personalità istituzionali e da sopravvissuti (tra i più presenti Piero Terracina e Sami Modiano). Pietro Terracina viene invitato a ritornare ad Auschwitz già da Piero Farina, nel *Per ignota destinazione* (1995), nel quale Terracina ritorna nel lager per la prima volta dopo la fine della guerra, ripercorrendo di fronte alla macchina da presa i tragici momenti della deportazione e della definitiva separazione dai suoi cari. Ritroviamo Terracina, sempre ad Auschwitz, nel film realizzato su commissione da Saverio Costanzo, *Auschwitz 2006* (2007), nel quale il testimone romano, insieme a Sami Modiano e altri sopravvissuti ai campi accompagnano oltre duecento studenti dei licei romani nella visita all'interno della fabbrica della morte.

Nel documentario di Costanzo s'intervallano immagini di repertorio, sequenze che mostrano i ragazzi romani di oggi in posa nei luoghi che videro la morte di tanti loro coetanei e le domande che le testimonianze dei sopravvissuti solle-

visuale. Cinema, memoria, spazio pubblico, Roma, Bulzoni, 2010 e più recentemente da Michele Guerra, *Il limite dello sguardo. Oltre i confini delle immagini*, Milano, Raffaello Cortina, 2020.

citano nei ragazzi. Domande che al giorno d'oggi risultano però annebbiate dalla banalità e dalla trasformazione della Shoah in un costrutto retorico depauperato di forza e di significato – quasi una cornice vuota all'interno della quale si contempla il volto di un sopravvissuto che appare sempre più vecchio e sempre più lontano, ma che si deve comunque continuare a interrogare – che si avvia verso quello che Tim Cole ha definito come "saturazione"[9] del discorso-Olocausto, avvolto da un rispetto formale sempre più di facciata: «La diffusione pervasiva del discorso sull'Olocausto rischia dunque di diventare inversamente proporzionale alla sua effettiva comprensione».[10] Un rinnovamento del linguaggio che riesca ad andare al di là della forma dell'intervista frontale per raccontare ai giovani la Shoah si pone, dunque, come fondamentale. Penso a un lavoro come *Destinazione Auschwitz. Viaggio nella fabbrica dello sterminio* di Andrée Rossi Maroso e Federico Ambiel (2002), che si avvale della consulenza dello storico Marcello Pezzetti, elaborando un testo multimediale con elementi di fiction, rielaborazioni digitali e filmati di archivio, oppure a *Binario 21* (2002) di Dario Picciau e Roberto Malini, in cui attraverso l'uso dello *split screen* si ascolta la testimonianza di Liliana Segre mentre un'attrice bambina ne incarna sullo schermo condiviso lo sgomento emotivo per la separazione dalla propria famiglia. È un delicato processo di rielaborazione del trauma, che soltanto la breve durata del cortometraggio (sei minuti complessivi) salva dalla sfrontatezza di qualsiasi ricostruzione del trauma vissuto dai deportati.

Letture, materiale d'archivio, ricostruzioni e testimonianze sono al centro del documentario di Giorgio Treves, *1938-Diversi* (2018), che ripercorre l'antisemitismo italiano dalle leggi razziali ai ritorni neofascisti della contemporaneità. Molto interessanti sono i lavori di montaggio di Alessandro Amaducci, tutti prodotti dall'Archivio Cinematografico della resistenza di Torino, caratterizzati dalla durata di 30 minuti complessivi e da un linguaggio multimediale che li fa assomigliare più a delle opere di videoarte che a documentari didattici: in *Aleph-Taw-Memorie dello sterminio* (1993), partendo dallo scioccante materiale video di *The 81st Blow* (1974) di Bergman, Ehrlich e Gouri, Amaducci costruisce un ipertesto che attraverso musica, voce fuori campo, spiegazioni lessicali, *décadrages*, sovraimpressioni ricostruisce la storia del ghetto come luogo di separazione, sino ad arrivare alle tragiche vicende del ghetto di Varsavia. Ne *Il giudizio di Norimberga* (1994), con linguaggio simile al precedente, il regista scandisce in maniera chiara e coincisa le tappe salienti del processo di Norimberga; infine, in *Dybbuk-Memorie dei campi* (1996), la radicalità performativa si fa più criptica attraverso un testo videoartistico liberamente ispirato allo spettacolo *Dybbuk* di Moni Ovadia e Mara Cantoni.

Il percorso che abbiamo seguito attraverso il documentario e la Shoah nel contesto italiano è, per forza di cose, lacunoso, anche alla luce dell'aumento

9. Cfr. Tim Cole, *Selling the Holocaust. From Auschwitz to Schindler How History Is Bought, Packages and Sold*, New York, Routledge, 1999.
10. Gordon, *Scolpitelo nei cuori*, p. 280.

esponenziale delle produzioni dedicate all'argomento, a partire dagli anni Duemila, anche dettato, se non soprattutto, dall'istituzione del Giorno della Memoria, che ogni anno coinvolge tutti gli studenti di tutte le scuole italiane di ogni ordine e grado. Tuttavia, la Shoah entra a far parte del nostro immaginario, trasformandosi da testo (la radice di testimonianza) in pre-testo, come scrive giustamente Valentina Pisanty:

> Ecco allora che, da evento storico, lo sterminio degli ebrei diventa, a seconda degli usi che se ne vogliono di volta in volta fare, categoria di pensiero, pietra di paragone, oggetto totemico, collante ideologico e, all'occorrenza, strumento contundente.[11]

Oggetto, quindi, di strumentalizzazione, con sempre meno baluardi che si alzano contro la sua banalizzazione. Pensiamo ai documentari sui viaggi della memoria, lustra vetrina per il politico di turno o alle buone intenzioni di un film come *La strada di Levi* (2006) di Davide Ferrario, in cui il travagliato viaggio di ritorno dalla Polonia all'Italia di Primo Levi, raccontato in *La tregua*, diventa un pretesto per raccontare la fine delle ideologie, il nuovo capitalismo nell'Europa dell'Est e la rinascita di nuove forme di intolleranza e nel quale la presenza di Levi, la sua esperienza, diventa soltanto il motivo ricorrente che lega un episodio all'altro. Sino ad arrivare al paradosso di *In viaggio verso Auschwitz* (2014) di Danilo Monte, in cui il lager è solo il punto di arrivo di un viaggio di formazione di due fratelli che hanno fatto dell'incomunicabilità e dell'odio represso la cifra costante del loro rapporto. Auschwitz diventa nel documentario di creazione contemporaneo uno stato d'animo, un luogo dell'anima all'interno del quale inserire tutti i contenuti possibili, come già intuito da Sergei Loznitsa nel suo magistrale *Austerlitz* (2016). I testimoni stanno via via scomparendo, i lager sono diventati luoghi del turismo di massa, depauperati di ogni significato: «Dove ci si deve mettere per scattarsi una foto in un crematorio? E perché bisogna testimoniare con un video di essere stati dentro una baracca?».[12] Alla fine, forse l'unico approdo possibile, per un documentarismo che voglia ritornare sui temi della Shoah, è quello della promozione di un'ecologia dell'immagine in grado di ripartire da zero e ritornare a pensare come fare ancora cinema dopo Auschwitz e soprattutto dopo la sua trasformazione, rielaborazione, compromissione con il mondo esterno, soggettivo e parcellizzato degli eredi dei testimoni, di coloro che non hanno più la voce per testimoniare e non hanno neanche più il diritto di vedere.

11. Valentina Pisanty, *La banalizzazione della Shoah. Prime riflessioni sul caso italiano*, in *Storia della Shoah in Italia. Vicende, memorie, rappresentazioni*, a cura di Marcello Flores, Simon Levis-Sullam, Marie-Anne Matard-Bonucci ed Enzo Traverso, Torino, UTET, 2010, p. 511.

12. Guerra, *Il limite dello sguardo*, p.114.

Ariel Schweitzer

Claude Lanzmann. Un témoin, un siècle

Le choc provoqué en 1985 par *Shoah*, sa canonisation comme un événement majeur de l'histoire du cinéma, ont contribué à la mythification de Claude Lanzmann, tout en masquant la richesse, tout autant que certains aspects problématiques, d'une filmographie riche d'une dizaine d'œuvres tournées durant près de cinq décennies. Par ailleurs, la place centrale qu'occupe *Shoah* dans l'oeuvre de Lanzmann, l'édification du film comme un monument ou le celluloïd remplace le marbre, tout comme l'introduction dans le dictionnaire français (et mondial) du terme hébraïque de Shoah, ont parfois enfermé le film dans une lecture centrée sur la spécificité juive du génocide. Or *Shoah*, comme le reste de l'œuvre Lanzmannienne, sont avant tout des événements universels car les questions qu'ils soulèvent, toute comme l'inquiétude qu'ils expriment, déborde tout cadre national ou ethnique pour toucher à l'essence même de l'expérience humaine. Par ailleurs, ce sont aussi des films – des œuvres cinématographiques – qui affrontent des problématiques de mise en scène touchant au rapport entre esthétique et éthique absolument centrale dans l'évolution du cinéma moderne, et qui s'intègrent aussi dans un vaste champ de réflexion ouvert dans le cadre même de notre revue au début des années soixante.

Rédacteur dans le groupe de presse de Pierre Lazareff durant vingt ans, Claude Lanzmann réalise son premier long-métrage, *Pourquoi Israël* (1972), comme un prolongement de son travail de journaliste. Fasciné par cet Etat pionnier, qu'il a visité pour la première fois en 1952, Lanzmann y retourne pour mesurer les changements dans un pays alors dans une phase de «normalisation». Ce retour est motivé aussi par la vague anti-israélienne qui submerge la société française après la Guerre des six jours (une évolution symbolisée par la phrase mémorable de De Gaulle sur «Un peuple d'élite, sûr de lui-même et dominateur»). Ce qui inspire à Lanzmann le titre, *Pourquoi Israël*, sans point d'interrogation, qui relève plutôt d'un constat et d'une affirmation. Lanzmann sillonne le pays et témoigne de ce qu'il voit à traverse une mosaïque des visages et des voix, certains connus (les dirigeants politiques Ygal Yadin et Ran Cohen, le général Abraham Yoffe), la plupart anonymes (membre des kibboutz, ouvriers du port d'Ashdod, militant des «Panthères noires d'Israël»). Son regard est à la fois emphatique, fasciné par ce jeune pays si énergique et inventif, mais aussi lucide et parfois inquiet. Car à côté des grandes réussites du pays – la constitution d'une armée forte, le modèle égalitaire du kibboutz, l'institut Weizmann pour la recherche scientifique – la caméra de Lanzmann n'ignore pas les dangers qui guette cette société: différences de classes croissantes et discrimination envers la population israélienne d'origine séfarade; marginalisation de la population arabe d'Israël et, notamment, l'occupation des territoires palestiniens. À cet égard, la dernière partie du film qui montre les soldats israéliens exerçant des missions de surveillance et de répression dans la bande de Gaza est un signal d'alarme.

Cette inquiétude n'est pas aussi manifeste dans le deuxième film que Lanzmann a consacré à Israël – *Tsahal* (1994) – une vingtaine d'années après *Pourquoi Israël*. À travers une série d'entretiens avec des militaires célèbres (Ariel Sharon, Ehud Barak) et de nombreux soldats et officiers anonymes, Lanzmann dresse le portrait d'une nation capable enfin de prendre son destin en main et de se défendre, un pays qui a su développer l'une des armées les plus fortes du monde, marquée par les codes de l'excellence, qui est en même temps «l'armée du peuple». «Jamais, peut-être, un film n'aura témoigné d'une telle fascination devant les armes modernes», a écrit Serge Grünberg dans sa critique, pourtant assez favorable, publiée aux «Cahiers» au moment de la sortie su film.[1] Mais ce que Lanzmann refuse de voir c'est la transformation de cette même armée, au lendemain de la première Intifada et au moment où l'occupation du Sud de Liban bat son plein, en une armée à bien des égards policière, et les dangers que cette transformation représente non seulement pour les rapports entre Israéliens et Palestiniens, mais pour la société israélienne elle-même.

Pourquoi Israël, qui commence et se termine avec des images tournées au mémorial d'Yad Vashem (dont celles, très personnelles, où le cinéaste cherche dans le registre des disparus ceux qui portaient le même nom que lui) annonce l'œuvre avenir. La rencontre en Israël avec les survivants de la Shoah, dont certains témoignages figurent dans le film, le bouleverse et le pousse à s'engager sur cette voie (Lanzmann commence les recherches pour *Shoah* en 1974). Soulignons par ailleurs que *Pourquoi Israël* est déjà marqué par des choix esthétiques qui vont influencer le dispositif formel de *Shoah* quelques années plus tard: primauté du témoignage oral et de l'entretien, absence de toute image d'archive, rejet du commentaire en voix-off.

Shoah est né d'une impossibilité inscrit comme un exergue au début du film à travers les mots du survivant Simon Srebnik: «On ne peut pas raconter ça. Personne ne peut se représenter ce qui s'est passé ici. Impossible. Et personne ne peut comprendre cela». Comment représenter l'horreur absolue, ce qui déborde toute réalité connue et même toute imagination? La difficulté est amplifiée par la stratégie d'effacement de toute trace du processus d'extermination menée par les Nazis, que ce soit sur les lieux d'extermination eux-mêmes ou sur le plan des archives. Difficulté encore pour faire parler les survivants, car ils sont nombreux

1. Serge Grünberg, *La sentinelle*, in «Cahiers du cinéma», 485 (1994).

à ne pas vouloir parler, comme le dit l'un d'eux: «on n'est qu'un homme et on veut vivre, alors il faut oublier».

Le refus catégorique de Lanzmann de recourir à toute archive ne s'explique pas uniquement par l'absence des documents, ou, pour ceux qui étaient néanmoins disponibles à l'époque, par des lacunes dans la perception historique des sources entraînant des nombreuses erreurs et malentendus (documents filmés par les nazis confondus avec des images des Allies, par exemple), mais d'abord par des raisons philosophiques, esthétiques et morales. Lanzmann perçoit en effet l'archive comme «des images sans imagination» qui, en favorisant l'effet du choc immédiat, bloquent la réflexion et pétrifient la pensée. On se souvient aussi de la polémique engagée en 2001 avec Georges-Didi Huberman, au moment de l'exposition *Mémoires des camps, photographies des camps de concentration et d'extermination nazis (1939-1945)*, quand Lanzmann et Gérard Wajcman pointaient également le danger d'une pulsion voyeuriste morbide suscitée par les images de l'horreur.[2]

Mais la principale raison pour laquelle Lanzmann s'est opposé à l'archive dans *Shoah* réside dans la volonté du cinéaste d'inscrire son film au présent, comme une œuvre soulevant des questions toujours actuelles, alors que l'archive risquait de figer le film dans le passé et dans l'histoire. C'est pourquoi *Shoah* est construit autour de témoignages oraux, principalement des survivants, mais aussi des Nazis et des témoins (dont des collaborateurs) polonais. Ces témoignages tournés au présent, pour la plupart, dans la deuxième moitié des années Soixante-dix (et qui, paradoxalement, constituent aujourd'hui une sorte d'archive), sont confrontés systématiquement à des images contemporaines des lieux du génocide – des camps eux-mêmes, des gares ferroviaires, des forets – où il ne reste souvent que peu de traces de l'horreur du passé. La parole des témoins acquit ici une valeur de résistance contre cette volonté d'effacement et contre l'oubli à travers laquelle les survivants deviennent des acteurs de l'histoire. Comme l'a écrit Simone De Beauvoir dans la préface du livre qui retranscrit les dialogues du film:

> Ni fiction, ni documentaire, *Shoah* réussit cette re-incarnation du passé avec une étonnante économie de moyens: des lieux, des voix, des visages. Le grand art de Claude Lanzmann est de faire parler les lieux, de les ressusciter à travers les voix, et, par-delà les mots, d'exprimer l'indicible par des visages.[3]

Ni un documentaire, ni une fiction, *Shoah* déborde effectivement ces catégories également par l'inventivité extraordinaire de sa mise en scène. La ruse par exemple qu'utilise Lanzmann pour faire parler des nazis (dont certains enregistrés à leur insu) qui frôlent parfois le genre de l'espionnage. Ou ce moment inoubliable avec le coiffeur de Treblinka, Abraham Bomba, incapable de témoigner de ce qu'il a vécu («il le faut», insiste Lanzmann), sa parole se libérant soudain

2. Claude Lanzmann, *Le monument contre les archives* (Interview avec Daniel Bougnoux, Régis Debray e Claude Mollard), in «Les cahiers de médiologie», 11 (2001), pp. 271-279.
3. Claude Lanzmann, *Shoah*, Paris, 1985.

quand le cinéaste lui demande raconter le passé dans un salon de coiffure que la production a loué pour le tournage (Abraham Bomba étant à la retraite depuis déjà quelques années). Et une technique similaire, mais dans un contexte opposé, employée avec le paysan polonais qui a conduit les trains vers Treblinka, que Lanzmann a fait monter sur une locomotive louée par son équipe pour le faire répéter les gestes d'alors, dont celui du tranchement de la gorge adressé aux Juifs, qui est devenus l'une des emblèmes du film.

Shoah s'inscrit à sa sortie dans un débat capital sur le rapport entre esthétique et éthique engagé aux «Cahiers du cinéma» depuis l'article célèbre de Jacques Rivette, *De l'abjection*,[4] un texte traitant déjà d'un film se déroulant dans un camp de concentration (*Kapo* de Gillo Pontecorvo), débat poursuivi, entre autres, par le texte magistral de Serge Daney, *Le travelling de Kapo*.[5] L'une des idées fortes défendues par ces textes est que «la morale du film», son éthique, se manifeste non seulement dans son contenu, mais d'abord dans sa forme, et que chaque choix de mise en scène est aussi un choix moral. On comprend bien pourquoi la réflexion de Lanzmann sur la construction de *Shoah*, sur ses choix de mise en scène, sont essentiels dans ce débat, d'autant qu'elle coïncide avec la réception de deux autres œuvres, fictionnelles celles-ci – le feuilleton américain *Holocauste* et *La liste de Schindler* de Spilberg – à propos desquels Lanzmann a écrit:

> l'Holocauste est d'abord unique en ceci qu'il édifie autour de lui, en un cercle de flamme, la limite à ne pas franchir parce qu'un certain absolu d'horreur est intransmissible: prétendre le faire c'est se rendre coupable de la transgression la plus grave. La fiction est une transgression, je pense profondément qu'il y a un interdit de la représentation. En voyant *La liste de Schindler*, j'ai retrouvé ce que j'avais éprouvé en voyant le feuilleton *Holocauste*. Transgresser ou trivialiser, ici c'est pareil: le feuilleton ou le film hollywoodien transgressent parce qu'ils trivialisent, abolissant le caractère unique de l'Holocauste.[6]

La révolte des Juifs contre les nazis est largement abordée dans Shoah, notamment les soulèvements de Treblinka, de Sobibor et du ghetto de Varsovie, mais le film est centré principalement sur le processus d'extermination. Lanzmann savait que la question de la révolté, si importante pour lui, méritait un film à part. Ce film, il l'a réalisé en 2001 en s'appuyant sur des matériaux tournés en 1979 pour *Shoah* mais non utilisé dans le film – un long entretien avec Yehuda Lerner, l'un des héros de la révolte du camp d'extermination de Sobibor. *Sobibor, 14 octobre 1943, 16 heures* est un film sur «la réappropriation de la force et de la violence par les Juifs», comme l'écrit Lanzmann dans un long texte présenté en ouverture du film. Réappropriation de la force et de la violence pour rester en vie, pour gagner sa liberté, mais aussi pour retrouver sa dignité d'Homme. Le passionnant témoignage de Larner décrit le quotidien du camp, l'abominable terreur nazie, mais se focalise sur la préparation minutieuse de la révolte puis sur son exécution. Comme

4. Jacques Rivette, *De l'abjection*, in «Cahiers du cinema», 120 (1961), pp. 54-55.
5. Serge Daney, *Le travelling de Kapo*, in «Trafic», 4 (1992), pp. 5-19.
6. *Holocauste, la représentation impossible*, in «Le Monde», 3 mars 1994.

dans *Shoah*, la parole de Lerner est intégrée dans des images actuelles, tournée en 2001, reconstituant le chemin poursuivi par le protagoniste depuis sa déportation du ghetto de Varsovie jusqu'à son arrivée au camp de Sobibor, aujourd'hui un vaste champ entouré de forets où absolument aucune trace de l'existence d'un camp ne survient. Comme dans *Shoah*, Lanzmann a recours à des idées de mise en scène pour incarner les événements narrés en évitant la simple illustration. Ainsi, quand Lerner décrit la manière dont les Nazis ont utilisé des troupeaux d'oies pour couvrir les cris d'horreur des victimes dans la chambre à gaz, Lanzmann confronte la vois du témoin avec des images et le son d'un troupeau gigantesque d'oies filmé en Pologne en 2001. La bande-son exprime alors la lutte acharnée de la voix de Lerner pour se faire entendre malgré le bruit assourdissant des caquètements des oies, parce qu'il faut que ce témoignage soit dit et qu'il soit entendu.

Depuis la seconde moitié des années Quatre-vingt-dix, l'oeuvre de Lanzmann procède ainsi par un retour systématique sur les matériaux tournés pour *Shoah* (350 heures de rushes). À chaque fois Lanzmann s'attaque à une question spécifique, comme celle de l'appropriation de la force par les Juifs dans *Sobibor*. Une autre problématique essentielle que Lanzmann aborde dans deux films est celle du silence du monde libre face aux horreurs du génocide. Déjà en 1997, il réalise *Un vivant qui passe*, basé sur le témoignage donné en 1979 par Maurice Rossel, délégué à Berlin dès 1942 du comité international de la Croix-Rouge, le seul membre de cette institution à s'être rendu à Auschwitz en 1943 (où il était accueilli par le «très élégant» commandant du camp) et, en 1944, au «ghetto modèle» de Theresienstadt. Bien que des rumeurs sur le massacre des Juifs se répandent déjà à cette époque, Rossel ne voit rien au-delà des apparences et délivre, notamment dans le cas de Theresienstadt, un rapport positif. Un entretien qui fait froid au dos tant le discours nonchalant du responsable Suisse atteste de l'esprit conformiste des fonctionnaires de l'époque, un discours qui plus est marqué par un fort accent antisémite (notamment quand il parle des notables juifs qui devaient leur place à Theresienstadt à leur fortune). Cette problématique est aussi au cœur du *Rapport Karski* (2010) que Lanzmann consacre au grand résistant Polonais, Jan Karski, qui a essayé à maintes reprises d'alerter l'opinion publique mondiale sur la réalité du ghetto et de l'extermination. Après avoir visité en cachette le ghetto de Varsovie en 1942, Karski rédige des rapports et rencontre personnellement les dirigeants du monde libre (dont Franklin Roosevelt en 1943), mais se heurte à chaque fois au même constant: si ce n'est pour des raisons stratégiques, ou parce qu'ils ne peuvent pas croire ou digérer la réalité d'un génocide sans précédente dans l'histoire de l'humanité, le dirigeants du monde libre ne comprennent pas l'ampleur de cette tragédie et la nécessité de prendre des mesures spécifiques pour stopper le massacre. Par ailleurs, ce portrait de Karski peut se voir aussi comme une réponse de Lanzmann aux accusations qui lui ont été adressées par les autorités polonaises d'avoir présenté dans *Shoah* l'ensemble des Polonais comme des antisémites et des collaborateurs des Nazis, accusation que le cinéaste a toujours récusée.

Benjamin Murmelstein, le seul président d'un Conseil Juif à avoir survécu à la guerre, est au centre du *Dernier des injustes* (2013) où Lanzmann aborde la question difficile et douloureuse de la collaboration des Juifs avec leurs bourreaux, question centrale déjà au moment procès Eichmann, largement commenté également dans l'ouvrage d'Hannah Arendt, *Eichmann à Jérusalem*. À l'origine du film, un entretien réalisé avec Murmelstein en 1975 à Rome et écarté du montage final de *Shoah*. Murmelstein, une personnalité charismatique et un intellectuel brillant, se défend avec brio de toute accusation de collaboration en se comparant à une «marionnette tragi-comique» aux mains des Allemands, une marionnette qui «change le cours de choses et qui devait tirer elle-même les fils», en définissant sa position comme «un pouvoir dans le non pouvoir». Même si on peut accepter la thèse véhiculée par Lanzmann, à savoir que l'on n'a pas le droit aujourd'hui de juger les membres des Conseils Juifs qui ont évolué dans des conditions atroces et qui, pour la plupart, se savaient eux-mêmes condamnés, le film provoque parfois un malaise. Non seulement à cause des images contemporaines, où Lanzmann revisite les lieux décrits par le témoignage de Murmelstein, dont certaines sont marquées par un pathos inhabituel chez le cinéaste (notamment les images tournées dans les synagogues de Prague, ainsi que à Vienne), mais notamment parce que Lanzmann semble parfois trop indulgent avec Murmelstein. Fasciné par sa forte personnalité, il ne s'efforce pas de contredire le discours de celui qui était jugé après la guerre pour collaboration et qui était considéré comme «persona non grata» en Israël (Murmelstein n'a pas été invité à témoigner au procès Eichmann, malgré la connaissance personnelle de avec l'accusé). Comme si la volonté de Lanzmann de faire passer sa thèse à tout prix l'a empêchée parois d'avoir la distance critique nécessaire vis-à-vis de son sujet.

Par ailleurs, *Le dernier des injustes* représente une évolution dans l'œuvre du cinéaste qui pour la première fois a ici recours aux archives: des extraits du film de propagande, *Theresienstadt*, tourné par le prisonnier Kurt Gerron en 1944 sur ordre des Nazis, ainsi que des dessins d'une grande force d'évocation réalisés dans le ghetto, en cachette, par quatre prisonniers. Ce changement peut s'expliquer par les avancées considérables en matière de recherche historique, qui ont permis dans les années 2000 un emploi plus rigoureux et scientifique de ce genre de sources. Mais surtout, à un moment où la plupart des témoins directs du génocide ont déjà disparu, Lanzmann comprend que désormais il faudrait avoir recours à d'autres méthodes d'évocation de la Shoah, dont les documents photographiques et filmiques. Sur ce plan, vers la fin de sa vie, Lanzmann seemble s'approcher de la thèse défendue par Georges Didi-Huberman et résumée par le titre de son ouvrage célèbre, *Images malgré tout*.[7] C'est ainsi qu'on peut également comprendre le soutien de Lanzmann à un film de fiction aussi problématique que *Le fils de Saul* de Laszlo Nemes, lorsque de sa présentation à Cannes en 2015.

Après un film aussi superflu que maladroit, *Nepalm* (2017), qui revient sur un épisode survenu en 1958 lorsque de la visite de Lanzmann en Corée du Nord,

7. Georges Didi-Huberman, *Images malgré tout*, Paris, Éditions de Minuit, 2003.

épisode d'ailleurs déjà décrit dans son passionnant livre de mémoires, *La Lièvre de Patagonie*,[8] le cinéaste réalise un dernier film magistral, *Les quatre sœurs* (2018), diffusé d'abord sur Arte et sorti ensuite en salle la semaine même du décès du cinéaste. Composés là encore de quatre entretiens tournés au moment de la préparation de *Shoah*, *Les quatre sœurs* représente en effet un retour aux sources. Les récits de ces "sœurs d'âme" reviennent sur quatre expériences différentes au durant la guerre, réunies par la force de survie, le courage, mais parfois aussi par les moments de faiblesse, les sentiments de culpabilité et de solitude que éprouvent ces femmes: Ruth Elias, survivant du ghetto de Thersienstadt et d'Auschwitz; Ada Lichman, l'une des cinquante personnes qui ont survécues après la révolte de Sobibor; Paula Biren, rescapée du ghetto de Łódź, qui faisait partie de la force féminine de la police du ghetto; Hanna Marton, qui a fait partie du miraculeux "transport Kastner" en 1944: 1684 Juifs sauvés grâce à l'accord conclu entre le président du comité de sauvetage des Juifs hongrois, Rudolf Kastner, et Adolf Eichmann, sur la libération d'un groupe de Juifs en échange d'une grande somme d'argent, un accord qui fait polémique encore de nos jours. Ces récits, tout en véhiculant une vision humaine d'une portée universelle, ont aussi la particularité de raconter la Shoah à partir d'un point de vue féminin, un aspect se manifestant particulièrement dans le témoignage déchirant de Ruth Elias qui, en 1944, a vécu sa maternité à Auschwitz.

Chant de cygne d'une œuvre immense évoluant durant près de cinquante ans entre l'expérience individuelle et collective, entre la spécificité juive et l'engagement universel, et qui ne cessé de nous interroger au présent. En se penchant sur le passé, Lanzmann a su nous léguer la vigilance et la responsabilité de notre l'avenir.

8. Claude Lanzmann, *Le lièvre de Patagonie*, Paris, Gallimard, 2005.

Giovanni Spagnoletti

Il cinema tedesco e la Shoah. Un sintetico excursus (1946-1989)

1. *Introduzione*

Per spiegare le ragioni del presente, sintetico intervento, occorre una necessaria premessa. Partiamo da un nudo dato statistico ben più che noto: il numero dei film che hanno trattato il tema dell'Olocausto, i suoi inizi e le sue conseguenze, ha raggiunto nei decenni una dimensione veramente imponente,[1] quasi da farne una "moda". A tale riguardo la prima costatazione, altrettanto conosciuta,[2] riguarda la progressione storica: dal 1946 sino alla caduta del muro di Berlino, in quasi mezzo secolo il numero dei lavori cine-televisivi dedicati alla Shoa sono stati piuttosto pochi, meno di 200 in tutto il mondo, pochissimi in rapporto a quanto è poi accaduto successivamente alla fine del "secolo breve", quando a partire dal 2000 sono stati ben più di 700.

Tale disuguaglianza di numeri vale anche per il cinema tedesco, che, come vedremo, dopo un inizio abbastanza promettente, a maggior ragione avrebbe dovuto occuparsi del problema della *Vergangenheitsbewältigung*, dell'elaborazione dell'Olocausto, di una orribile e indelebile macchia storica. Essa ha, invece, tardato a entrare tra i temi più importanti trattati dalla produzione audiovisiva – non ne potremo approfondirne le cause ma si tratta di un innegabile dato di fatto.

1. Basta dare un'occhiata al sito di Imdb: alla voce "Holocaust", al momento della nostra ultima consultazione (agosto 2022), troviamo circa 1.155 titoli indicizzati, che comprendono, ovviamente, opere da tutto il mondo e di ogni tipo, dal lungometraggio al corto, oltre alle produzioni televisive e progetti non ancora completati. Una produzione comunque che non conosce sosta.

2. Già nel suo fondamentale volume, ormai vent'anni fa, la studiosa e critica americana Annette Insdorf affermava: «Quando ho iniziato a esplorare il modo in cui i film hanno affrontato l'Olocausto nel 1979, c'erano solo poche dozzine di titoli che meritavano attenzione. Come figlia di ebrei sopravvissuti all'Olocausto, volevo portare all'attenzione film stranieri relativamente sconosciuti e valutare come quelli americani avevano affrontato l'eredità della Seconda guerra mondiale. La parola "Olocausto" stava appena entrando nell'uso comune, grazie alla miniserie della Nbc del 1978. Non mi è mai venuto in mente che, entro l'anno 2001, i film sull'era nazista e le sue vittime ebree sarebbero stati così numerosi da costituire un genere – compreso un vincitore di Oscar – né avevo previsto come questo genere sarebbe stato parte di una più ampia accezione culturale della Shoah» (Annette Insdorf, *Indelible Shadows: Film and the Holocaust*, Cambridge, Cambridge University Press, 2002, p. 245).

Quanto detto, in maniera abbastanza sorprendente, vale non solo per la produzione più commerciale e d'intrattenimento ma anche per la prima generazione postbellica, quella degli innovatori del Neuer Deutscher Film (Ndf), seguita al Manifesto di Oberhausen del 1962, che comprende i vari Kluge, Fassbinder, Wenders, Herzog, Reitz, etc., e che pur voleva rompere ogni legame con il passato tragico dei padri insieme al "cinema di papà" compromesso con il nazismo. I giovani innovatori, infatti, hanno quasi dimenticato di trattare la questione – altri temi, negli anni Sessanta-Settanta, erano considerati più all'ordine del giorno come quelli, in generale, dell'autoritarismo, della protesta contro le guerre antimperialiste, per esempio il Vietnam, oppure del trionfo del capitalismo consumistico.

Fatta questa costatazione, dato che sarebbe stato impossibile affrontare, nell'arco di un saggio, tutta la produzione tedesca di fiction riguardante il tema dell'Olocausto, abbiamo optato di limitarci al periodo storico che a partire dalla fine del conflitto mondiale arriva a quella cesura epocale costituita dalla caduta del muro di Berlino nel 1989 e la fine della separazione delle due Germanie. Periodo che poi oltretutto ha rappresentato – lo possiamo oggi affermare con un sereno, sicuro sguardo storico retrospettivo – il momento più fertile e artisticamente maturo della cinematografia della Germania dalla seconda metà del Novecento a oggi.

2. *Il cinema del dopoguerra*

Il giorno della capitolazione, il 9 maggio 1945, sembrava essersi realizzata la ricattatoria profezia di Hitler secondo cui «se perdiamo la guerra, il popolo tedesco sarà perduto»: il 40% delle abitazioni era distrutto o danneggiato, la capacità industriale più che dimezzata rispetto ai livelli del 1936, tutto il territorio del "Reich millenario" e la capitale Berlino occupate dalle truppe alleate e divise in quattro zone "d'influenza" cioè d'occupazione. Poi nel giro di un quadriennio, a seguito dell'inizio della Guerra fredda nel 1947 e della riforma monetaria del 1948, si arriverà, nella seconda metà del 1949, alla fondazione di due repubbliche contrapposte e armate l'una contro l'altra, sancendo una separazione statuale che si concluderà solo quarant'anni dopo.

Sotto il profilo cinematografico, però, il periodo 1945-49, pur nelle tensioni politiche via via crescenti, va considerato in modo sostanzialmente unitario: innanzitutto perché non si riscontrano delle reali differenze tra i film prodotti nelle tre zone occidentali e in quella sovietica; e poi perché esisteva ancora una certa circolazione di opere e di autori tra le varie zone d'occupazione. Stato di cose che poi cambierà radicalmente.

In una situazione contrassegnata da tremende difficoltà logistiche, da un esercizio cinematografico semidistrutto e dall'inizio di una vera e propria invasione di film stranieri in massima parte americani, nel maggio 1946, nella Sbz (la zona di occupazione sovietica) nasce la Deutsche Film-AG (Defa), che, avendo ereditato la gran parte degli impianti degli Studi dell'Ufa a Babelsberg, era divenuta di fatto la maggiore società cinematografica di tutta la Germania occupata.[3] Ed è dunque proprio lì che viene girato il primo film tedesco del dopoguerra: *Die Mörder sind unter uns* (*Gli assassini sono tra noi*). Girato in maniera parecchio avventurosa, la pellicola di Wolfgang Staudte, pur non affrontando in maniera diretta il tema della Shoah, si interroga sul recente, drammatico passato della Germania, narrando la storia di un ex chirurgo militare che, avendo assistito impotente a un massacro di ostaggi, per lo shock non riesce a reinserirsi nella vita civile di una Berlino spettrale e si trova a vivere insieme a una ex-deportata nei campi di concentramento (dovrebbe essere ebrea, ma il film non lo esplicita). Il protagonista casualmente rincontra l'ufficiale responsabile di quel crimine, nel frattempo diventato un rispettabile industriale, e vorrebbe farsi giustizia da solo ma viene trattenuto dalla ragazza che lo ama (Hildegar Knef, al suo primo ruolo importante).

Con un finale "aperto" che invitava a punire "gli assassini che sono tra noi" – per altro non previsto dalla sceneggiatura originale dove il medico uccideva l'ex ufficiale –[4] e caratterizzato da un linguaggio cinematografico che in modo accorto faceva tesoro di un'illuminazione fortemente contrastata, spesso definita popolarmente, ma in modo improprio, "espressionista", *Die Mörder sind unter uns* rappresenta così un'opera di rottura. E va a costituire, sia sul piano stilistico che di contenuto, il modello del filone del *Trümmerfilm* (Cinema delle macerie), che si contraddistinguerà per i suoi ambienti desolati, per una narrazione semi-documentaria e per il confronto con il recente passato, condotto certo ancora in maniera reticente ma comunque esplicita.

Rispetto, però, a questo primo film piuttosto coraggioso, coronato anche da un certo successo di pubblico, lo sviluppo successivo del genere ha tenuto solo parzialmente fede alle istanze di rinnovamento che sembravano indispensabili per un nuovo inizio nel cinema tedesco. Va comunque ricordato che nel novero delle circa 40 nuove produzioni tra il 1946 e il 1948 si invertono i tradizionali rapporti dominanti nell'industria cinematografica: 35 di esse trattano riflettono o

3. All'epoca non si parlava ancora né di costruzione del socialismo né di realismo socialista, il che consentirà alla Defa di seguire, sino alla nascita della Rdt nell'ottobre 1949, una politica diciamo "liberale" e "spregiudicata", dando anche lavoro a numerosi registi, attori e maestranze tecniche non residenti a Est o di idee socialiste.

4. Furono le autorità sovietiche, a cui il regista si era rivolto dopo aver inutilmente tentato di farsi finanziare il film in Occidente, che gli imposero questo cambiamento. Figlio d'arte, Wolfgang Staudte, dopo aver mosso i primi passi professionali all'avvento del regime nazista (di cui era però un oppositore silente), aveva dovuto aspettare il 1943 per debuttare nel lungometraggio, dopo un centinaio di spot pubblicitari e alcuni documentari, con la commedia *Akrobat schö-ö-ö-n* (*Acrobata, be-e-llo*). L'anno dopo un'altra commedia, *Der Mann, dem man den Namen stahl* (*L'uomo a cui avevano rubato il nome*), rimane bloccata nelle maglie della censura forse perché troppo urticante per i tempi, e il suo autore rischia di finire soldato al fronte. Come attore aveva, comunque, partecipato in una piccola parte al famigerato film di propaganda di Veit Harlan *Jud Süß* (*Süss l'ebreo*, 1940). Perciò per lui, in una certa misura, *Die Mörder*..., il cui primo trattamento era stato concepito negli ultimi giorni prima della caduta di Berlino, aveva costituito, come ha dichiarato, anche una forma di resa di conti con il fascismo e la sua ideologia.

riecheggiano i problemi di quegli anni disperati, mentre solo 5 sono pellicole di puro intrattenimento come viceversa era stata la regola durante l'epoca nazista e poi come avverrà ancor di più in seguito.

In tale contesto troviamo due film sempre nati alla Defa che toccano e non solo accidentalmente il tema che ci interessa. Andando indietro nel tempo alla Repubblica di Weimar, quindi non direttamente alla Shoa, *Affäre Blum* (*L'affare Blum*, 1948) di Erich Engel narra un errore giudiziario dovuto ad antisemitismo e avvenuto realmente alla metà degli anni Venti, quando un industriale ebreo venne accusato ingiustamente di omicidio e tenuto due mesi in arresto preventivo senza prove.[5] L'anno prima, invece, era stata realizzata quella che, a giudizio unanime, resta una delle migliori e più esplicite opere sulle vittime dell'Olocausto, *Ehe im Schatten* (*Matrimonio nell'ombra*, 1947) di Kurt Maetzig. Sulla base della storia del suicidio della star teatrale e cinematografica Joachim Gottschalk e della moglie ebrea Meta, oltre che ad attingere a elementi autobiografici del regista (la madre, anch'essa ebrea, si era tolta la vita poco prima la fine della guerra), l'opera prima[6] di Kurt Maetzig si avvale di una struttura drammaturgica melodrammatica che, anche se non piacque a Bertolt Brecht, come era prevedibile, ne ha comunque agevolato un'ampia popolarità di pubblico all'epoca (più di 10 milioni di spettatori). Nella prima metà, il film ripercorre le tappe che hanno portato all'istaurarsi di un sempre maggiore clima di violenza contro la popolazione ebraica e poi, dopo le sequenze che ricostruiscono gli eventi della "Kristallnacht" (Notte dei cristalli) nel 1938, arriva al suo epilogo nel 1943 con la tragica decisione da parte della coppia di suicidarsi come unica via

5. Sempre nello stesso periodo, in Austria, Georg Wilhelm Pabst, che aveva qualcosa da farsi rimproverare per essere rientrato in Germania nel 1939 e aver realizzato alla Bavaria Film due film e mezzo, aveva girato un'opera "riparatrice". In *Der Prozess* (*Il processo*, premio alla migliore regia e Coppa Volpi per la migliore interpretazione maschile a Ernst Deutsch alla 9° Biennale di Venezia del 1948) trattava un celebre caso di antisemitismo storico: l'affare Tiszaeszlár in Ungheria. Il 1° aprile 1882, una quattordicenne contadina cattolica, Eszter Solymosi, era scomparsa senza lasciare traccia. Erano seguite delle voci secondo cui sarebbe stata vittima di un omicidio rituale in occasione della Pasqua ebraica. Venne fatta un'inchiesta e poi un processo accompagnato da un'ondata di vera e propria isteria antiebraica, alimentata dalle dichiarazioni incendiarie di ardenti politici antisemiti. Il processo si concluse con l'assoluzione degli imputati il 3 agosto 1883.

6. Il film era nato da una *Filmnovelle* (racconto cinematografico) inedita, scritta dall'attore e regista Hans Schweikart, amico della coppia Gottschalk che in realtà si suicidò nel proprio appartamento berlinese con il loro figlioletto nel novembre 1941. Il testo è stato pubblicato a cura di Carsten Ramm: Hans Schweikart, *Es wird schon nicht so schlimm. Ein Filmvorschlag*, Postfazione di Rolf Aurich e Wolfgang Jacobsen, Berlin, Verbrecher Verlag, 2014. Il giudizio poco positivo di Brecht, che vedendo *Ehe im Schatten* sembra avesse affermato di essere sorpreso di come «si potesse riuscire a fare con materiale del genere un film così sentimentale», è stato riportato da più fonti tra cui, in ultimo, da David Bathrick, *Holocaust Film before the Holocaust: Defa, Antifascism and the Camps*, in «Cinémas», 18/1 (2007), pp. 109-134 (citato da https://www.erudit.org/fr/revues/cine/2007-v18-n1-cine1996/017849ar/#no10). Secondo il giudizio di David Bathrick, la cui analisi della prima produzione Defa è ricca di informazioni e spunti molto interessanti ma di cui a volte non condividiamo le conclusioni, *Ehe in Schatten* è stato è stato «l'unico film [Defa] ad esplorare in profondità la persecuzione ebraica nel Terzo Reich in relazione alla deportazione e ai campi di concentramento».

di scampo rispetto all'impossibilità di continuare a vivere in quelle condizioni di segregazione e di oppressione.

Similmente a quanto si realizzava a Est, anche nelle zone occidentali sono state prodotte una serie di opere di analogo contenuto e dai risultati artistici alterni. Per esempio, *In jenen Tagen* (*In quei giorni*, 1947) di Helmut Käutner, segue il destino di un'automobile che costituisce il filo conduttore di un film a episodi, in cui, passando di mano in mano a sette padroni (e quindi in sette diversi casi), si riesamina, a stazioni, la storia tedesca dal 1933 alla fine della guerra. A differenza di altri *Trümmerfilme* – e questo è un aspetto interessante – il punto di vista della narrazione con cui si affrontano fatti di vita quotidiana durante il dodicennio nero si sposta da chi ha agito a chi invece è stato vittima del nazionalsocialismo o è dovuto emigrare, insieme alla presenza di persone che quelle vittime hanno cercato di aiutare.[7]

Diverso e in qualche maniera più pugnace, almeno nelle intenzioni, è, dopo *In jenen Tagen*, il film realizzato (anche se concepito già in precedenza) da parte di quello che successivamente diventerà uno dei massimi tycoon del cinema commerciale tedesco, il produttore Atze Brauner, di origine ebraica, scampato fortuitamente all'internamento nel ghetto di Łódź e fuggito con la famiglia in Unione sovietica. Basato quindi in parte sulle proprie esperienze autobiografiche ma diretto da Eugen York, *Morituri* (1948), narra la vicenda – nella fase finale della guerra, in un imprecisato luogo dell'Europa orientale – della fuga, grazie all'aiuto di un medico polacco, di alcuni prigionieri da un campo di concentramento (è la prima volta che si vede in un film tedesco) sino ad approdare in un accampamento nascosto in un bosco dove si ritroveranno insieme a un nutrito gruppo di ebrei e transfughi polacchi. In procinto di essere catturati dalle truppe naziste sulle loro piste, saranno salvati dall'arrivo dell'Armata rossa grazie all'aiuto di un soldato disertore della Wehrmacht.

Una storia, quindi, per l'epoca molto forte che almeno nella prima parte – reso in un asciutto stile realistico grazie all'ottima fotografia chiaroscurale di Werner Krien – ricorda quella del celebre romanzo di Anna Seghers, *Das siebte Kreuz* (*La settima croce*, 1942), già trasporto sullo schermo dal registra di origine austriaca ed emigrato a Hollywood Fred Zinnemann nell'omonimo film americano del 1944, *The Seventh Cross*, con protagonista Spencer Tracy. Da quanto risulta dalla testimonianza del giornalista e scrittore Curt Riess,[8] *Morituri*, che nella

7. «L'automobile è il narratore del film e alla fine si esprime con le seguenti parole che poi vennero di continuo rimproverate al regista: "ho incontrato, però, un paio di persone [...] I tempi erano più forti di loro ma la loro umanità era più forte dei tempi". Käutner non è stato un dissezionatore della società nazionalsocialista, non era un regista analitico, a lui interessava di più il Grande nel Piccolo, il raccontare delle storie. Ma la questione di come e se mai si può restare delle persone umane in tempi profondamente disumani, lo ha sempre, di continuo, interessato. Di certo *In jenen Tagen* – considerato dal punto di vista storico – è il primo film che ha ricercato il "buon tedesco"; ed era anche una reazione alla tesi degli Alleati della "colpa collettiva"». Rudolf Worschech, *Sehen Sie Käutner! Porträt eines Unterschätzten*, in «epd Film», 3 (2008).

8. Cfr. il capitolo dedicato al film in Curt Riess, *Das gibt's nur einmal. Das Buch des deutschen Films nach 1945*, Hamburg, Henri Nannen Verlag, 1958, pp. 166-172.

seconda parte (quella nell'accampamento-rifugio) perde parecchio di mordente, venne boicottato, per il suo contenuto ritenuto "antitedesco", da molti esercenti, risultando quindi un grande flop al botteghino – e infatti dopo questo insuccesso Brauner cesserà di fare del cinema "impegnato".

Ancora migliore dal punto di vista della resa qualitativa, un'opera programmaticamente al bivio tra documentario e finzione, è un piccolo film per lungi anni dimenticato che ebbe una eco molto limitata all'epoca, *Lang ist der Weg* (*Lunga è la strada*),[9] prodotto nel 1947 ma uscito solo l'anno successivo, per la regia di Herbert B. Fredersdorf e Marek Goldstein, lui stesso un reduce dai campi di concentramento. Recitato in tedesco, polacco e anche in yiddish (unico caso in tutta la storia del cinema tedesco, a nostra memoria), realizzato con l'aiuto dell'Information Control Division dell'esercito americano e la presenza di molti scampati all'Olocausto, viene narrata la storia, tra passato e presente, di una famiglia ebrea-polacca deportata da Varsavia ad Auschwitz nel 1942 e le successive vicende per riunire chi è riuscito a sopravvivere. Sfuggito miracolosamente alla deportazione, il giovane figlio protagonista, a guerra finita, vaga da un campo all'altro, nei Displaced Persons Camps, dalla Polonia alla Baviera, sposa un'orfana ebrea tedesca e infine riesce a ritrovare la madre. Lo scopo ideologico di *Lang ist der Weg*, esplicito nella sua ultima parte, e che lo rende unico in tutta la produzione dei *Trümmerfilme*, stava nel convincere i sopravvissuti dai campi a emigrare nel mandato britannico della Palestina. Fuori tempo massimo, per altro, dato che quando il film uscì con molto ritardo, nel settembre 1948 era appena nato lo stato di Israele. Ma al di là di ciò, di questo messaggio messianico, la pellicola costituisce ancor oggi una vibrante testimonianza visiva, intrecciata a una labile trama di finzione, delle atroci sofferenze subite dalla popolazione ebraica e da altre minoranze oppresse.

Volendo tirare un bilancio di questo primo triennio di produzione post-bellica, il risultato, sia numericamente sia dal punto di vista qualitativo, non si può definire negativo. Indubbiamente questi film, e più in generale tutti quelli sussumibili nel genere dei *Trummerfilme*, soffrono di una certa tendenza alla simbolizzazione, alla riproposizione di un'umanità astratta, sofferente ma indifferenziata. Bersaglio della critica cinematografica militante degli anni Cinquanta e Sessanta che rimproverava a queste opere mancanza di vero coraggio, timidezza se non vero e proprio opportunismo nell'affrontare e raccontare con decisione le responsabilità dell'Olocausto, essi risentono inoltre di un poco produttivo confronto con il coevo neorealismo italiano che ha portato a un rivolgimento sostanziale nel modo di pensare la settima arte, spalancando le porte al cinema moderno.

In bilico tra il tradizionale e ovattato stile Ufa e l'esigenza di rinnovamento formale e contenutistico, il "cinema delle macerie" è dunque rimasto a metà strada. Ma almeno in questo periodo di interregno prima degli anni Cinquanta tale pugno di film ha iniziato a marcare un primo passo nell'elaborazione delle ferite

9. Il film è stato restaurato ed editato dalla Lobster nel 2016 in Dvd nella collana "Trésors du cinéma yiddish".

laceranti della guerra e dell'Olocausto. Anche se poi non ha consegnato alla Storia del cinema nessun vero capolavoro.

3. *Il cinema tedesco nell'epoca del testimone*

Con la definitiva scissione della Germania alla fine del 1949 tramonta l'interregno del "non più" e del "non ancora", con la conseguenza che la cinematografia tedesca viene trascinata in una fatale forbice, ben sintetizzata in una semplice ma efficace formula: «mentre ad oriente si propagava la monotonia propagandistica, ad occidente il cinema si adeguò alla dominante ideologica della società dei consumi».[10] Il che è particolarmente vero per quanto riguarda il tema dell'Olocausto, con le rare eccezioni che andremo qui a esaminare, dato che nei successivi quarant'anni i film riguardanti l'argomento realizzati a Est e a Ovest si contano sulle dita di due mani. E per ragioni molto diverse.

Partiamo da occidente. In estrema sintesi e senza la benché minima pretesa di una qualche compiutezza, si potrebbe sostenere che nella Brd la ragione del silenzio è dipesa dalla sostanziale non volontà politica di procedere a epurazioni, oltre alla non accettazione della reale responsabilità dei crimini di guerra, a prescindere dai necessari e inevitabili risarcimenti a Israele. In pratica, nella ferrea logica della Guerra fredda, gli Alleati barattarono il rafforzamento della Repubblica federale sotto il governo Adenauer e la sua rimilitarizzazione in funzione della creazione di un baluardo anticomunista, il tutto in cambio dell'abbandono di ogni serio programma di "rieducazione" e di denazificazione.

Nel clima di entusiasmo per il nascente miracolo economico, gli anni Cinquanta sono, cinematograficamente parlando, il periodo delle "vacche grasse" e del disimpegno programmatico[11] con il trionfo del cinema di genere, come l'*Heimatfilm*, insieme all'apice del conformismo, della rimozione delle colpe e di quell'ignavia morale così ben fotografata, successivamente, in particolare da Rainer Werner Fassbinder.

Qualcosa andò cambiando agli inizi degli anni Sessanta con il processo Eichmann nel 1961 in Israele e con il secondo processo di Francoforte (1963-1965), guidato dal celebre procuratore generale dell'Hessen, Fritz Bauer,[12] nei confronti di 22 imputati accusati dei crimini commessi ad Auschwitz fra il 1940 e il 1945. In questo clima nasce *Das Haus in der Karpfengasse* (*La casa nella Karpengasse*, 1964) diretto – ironia della sorte e unico caso nella sua carriera – da uno dei registi

10. Ulrich Gregor, Enno Patalas, *Geschichte des Films*, München, Bertelsmann, 1973, p. 282.

11. D'altro lato anche in Italia, pur uscendo dal combattivo cinema del neorealismo, accadeva, *mutandis mutandi*, una situazione non molto diversa. Una effettiva riprese delle problematiche resistenziali e antifasciste, dopo la lunga parentesi del neorealismo rosa, avviene solo a partire da *Il Generale Della Rovere* (1959) di Roberto Rossellini e dai film che ne seguirono.

12. Sulla figura di Fritz Bauer e il suo coinvolgimento nelle vicende del rapimento Eichmann in Argentina è stato realizzato da Lars Kraume nel 2015 *Der Staat gegen Fritz Bauer*, uscito anche in Italia, con il titolo *Lo Stato contro Fritz Bauer*.

di punta della commedia e del cinema di intrattenimento, Kurt Hoffmann. Dopo una difficile gestazione economica, risolta solo grazie all'intervento del canale Tv statale Westdeutscher Rundfunk, il film venne editato in una doppia versione che per l'epoca rappresentava un esperimento piuttosto ardito. Prima fu trasmesso in televisione in tre parti e tre differenti serate, il 9-11 marzo 1965 nell'ambito della "Settimana della fratellanza", e il giorno dopo uscì nelle sale, con scarso successo e qualche evidente squilibrio narrativo dovuto ai necessari tagli per ridurre il minutaggio complessivo di circa una quarantina di minuti.[13] Pur se poco ricordato nelle storie del cinema, forse a causa di questa sua natura ibrida, il film di Hoffman – come dice la voce fuori campo che all'inizio della pellicola ne rivela il contenuto – è una vigorosa ricostruzione dei destini di un gruppo di abitanti (tedeschi, cechi e soprattutto ebrei) nei tre piani dell'edificio al numero 115 appunto della Karpengasse, nel quartiere ebraico di Praga, quando il 15 marzo 1939 le truppe tedesche entrarono in città per proclamare il Protettorato di Boemia e Moravia. Tratto piuttosto fedelmente dall'omonimo romanzo dello scrittore ebreo-austriaco-israeliano Moscheh Ya'akov Ben-Gavriêl, si tratta di un opus caleidoscopico di ottima ma tradizionale fattura, un film "dovuto" ma forse già in ritardo sui tempi che di lì a breve sarebbero cambiati almeno dal punto di vista della forma cinematografica.

Si accennava in precedenza ai giovani cineasti della Brd che hanno compiuto una svolta epocale a partire dalla seconda metà degli anni Sessanta ma che hanno omesso di trattare il tema dell'Olocausto, pur volendo fare tabula rasa del passato dei padri. Eppure, Alexander Kluge, il teorico dello Junger Deutscher Film (Giovane cinema tedesco) e iniziatore del Manifesto di Oberhausen nel febbraio 1962, un piccolo accenno al problema lo fa all'inizio della sua opera prima *Abschied von Gestern* (*Addio al passato*, noto anche come *La ragazza senza storia*, 1966), film già dichiaratamente programmatico a partire dal titolo. La protagonista di nome Anita G.[14] (peraltro interpretata dalla sorella del regista, Alexandra) è, difatti, di origine ebrea, fugge dalla DDR "colta dalla paura" e si ritrova a vivere una serie di disavventure a contatto con la società dei consumi. Ma questo è tutto – bisognerà attendere più di un decennio perché, finalmente, fossero realizzati due film riguardanti direttamente la Shoah.

Presentato alla Berlinale (sezione Forum) nel giugno del 1977, terza opera del critico e cineasta Theodor Kotulla, *Aus einem deutschen Leben* (*Da una vita tedesca*) ricostruisce sulla base del romanzo *La mort est mon métier* (1952)[15] del francese Robert Merle la carriera dell'ufficiale delle SS Rudolf Höß, il famigerato comandante del campo di concentramento di Auschwitz. In uno stile molto rigoroso, lento e privo di musica d'accompagnamento, il film di Kotulla vuole entrare nei meccanismi mentali di un assassino di professione, concedendo assai

13. Attualmente entrambe le versioni, rispettivamente di 155 minuti (Tv) e 109 (cinema) sono disponibili in un cofanetto di due Dvd edito nel 2015 nella collana "Filmjuwelen".

14. Il film, Leone d'Argento alla Mostra di Venezia del 1966, è tratto dal racconto *Anita G.*, compreso nella raccolta *Lebensläufe* (1962, trad. it. *Biografie*, Milano, Mondadori, 1966, pp. 129-153) dello stesso Alexander Kluge.

15. Trad. it. *La morte è il mio mestiere*, Roma, Editori riuniti, 1956.

poco allo spettacolo tramite un atteggiamento registico di vivisezione semidocumentaria, certo distaccata pur se non freddamente asettica. Quasi fosse ispirato ai reportage di Hanna Arendt al processo Eichmann a Gerusalemme sulla "banalità del male", costruito in quattordici episodi, con cui vengono ripercorse a stazione le tappe fondamentali della vita e della carriera del protagonista (che nel film si chiama Franz Lang), *Aus einem deutschen Leben*, con in più i suoi 145 minuti di lunghezza, è dunque un'opera molto intellettuale e dalla vocazione didattica. Nel rifiuto totale di ogni concessione "popolare" e dall'ispirazione quasi brechtiana, si avvale, in modo coerente, dell'ottima interpretazione, in sottrazione, di Götz George, diventando un efficace psicodramma di un tragico personaggio, di un uomo qualunque responsabile della morte di milioni di persone.

All'opposto della programmatica assenza di empatia del film di Kotulla, il di lì a poco successivo *David* – anch'esso tratto da una storia vera –[16] è, invece, un film ricco di calore umano, diretto dal regista e sceneggiatore Peter Lilienthal, discendente del pioniere dell'aviazione tedesca Otto Lilienthal ed emigrato a dieci anni nel 1939 con la madre ebrea in Uruguay. Sarà per la rappresentazione della dissoluzione di un nucleo familiare, quello del rabbino Singer e dei suoi congiunti sotto il peso del sempre più aggressivo antisemitismo durante il Terzo Reich o quello della fuga salvifica finale del protagonista – tutti elementi pertinenti alla stessa autobiografia di Lilienthal – che il film riesce a conservare un sapore di amara verità certo disperata ma non esente da una fiammella di tenue speranza. E ciò anche per la grazia ingenua conferita al protagonista eponimo da un attore alle prime armi, Mario Fischel.

Alla fine degli anni Settanta, dunque, tramite questi due film ma soprattutto alla trasmissione della celebre serie Nbc *Holocaust* (1978) di Marvin J. Chomsky, messa in onda in Germania nel gennaio 1979, l'opinione pubblica e soprattutto il pubblico dei più giovani inizia a prendere pienamente atto di quanto era successo durante l'era nazista. Ciò, tuttavia, non produrrà ancora una riconsiderazione storica nel cinema tedesco sull'Olocausto. Bisognerà aspettare l'unificazione delle due Germanie e soprattutto il grande impatto emotivo di *Schindler's List* (1993), prodotto e diretto da Steven Spielberg, che porterà a una situazione radicalmente diversa. Ma ormai siamo già in un altro, molto differente momento storico e cinematografico.

4. *Il cinema della DDR*

Passando adesso a Est, a conclusione di questo rapido excursus, nella DDR la questione ebraica e la Shoah venne di fatto sussunta sotto l'egida dell'antifa-

16. Si tratta della storia autentica di Ezra Ben Gershôm pubblicata nel 1967 con lo pseudonimo di Joel König inizialmente come *Den Netzen entronnen* (*Sfuggito alle reti*) e poi con il titolo *David - Aufzeichnungen eines Überlebenden* (*David - Notizie di un sopravvissuto*). Il film ha vinto l'Orso d'oro al Festival di Berlino del 1979.

scismo comunista, sottraendola spesso a ogni sua specificità. Anche dentro questa gabbia teorico-ideologica non c'è dubbio che nell'arco di un quindicennio, dal 1959 al 1974, siano state realizzate tre opere ragguardevoli riguardanti l'Olocausto, dirette proprio dai due maggiori registi della DDR.

Iniziamo con *Sterne* (1959), film in cui, a detta di Thomas Heimann «per la prima volta nel cinema tedesco, sono state affrontate le responsabilità dei tedeschi nell'omicidio di massa degli ebrei o nel sistema dei campi di concentramento».[17] Qui si rivela per la prima volta in modo pieno il talento di Konrad Wolf, figlio del medico e scrittore comunista Friedrich Wolf, che all'avvento di Hitler era fuggito in esilio con la famiglia in Unione sovietica. Arruolatosi nell'Armata rossa a diciassette anni, Konrad era rientrato nella Germania distrutta con il grado di sottotenente. Dopo aver studiato cinema al Vgik di Mosca alla fine degli anni Quaranta, debutta alla Defa con una commedia musicale, *Einmal ist keinmal* (*Una volta è nessuna volta*, 1955).

Narratore efficace soprattutto nel genere cardine della produzione "alta" della Defa, quella del "film antifascista", a esso ha infuso un marcato elemento soggettivo, attinto dalla propria esperienza di emigrato scisso tra due mondi. Il che gli ha consentito di riempire di verità e di un tocco personale e passionale un tema astratto, troppe volte trattato con freddo taglio oggettivistico o ideologico. Comunque *Sterne* ("stelle" la traduzione letterale, titolo it.: *La stella di David*), una coproduzione con la Bulgaria dove è stato girato per tre quarti, nasce soprattutto dall'autobiografia dello scrittore e sceneggiatore bulgaro Angel Wagenstein – un ebreo sefardita – che aveva rielaborato nel copione le sue tragiche esperienze durante la guerra, ritagliandosi anche nel film un personaggio che lo rispecchia in modo esplicito.

Inizialmente era stato previsto alla regia Kurt Maetzig che come sappiamo aveva già raccontato destini ebraici in *Ehe im Schatten* – forse per questo motivo aveva rifiutato l'incarico per non sentirsi identificato come regista legato all'ebraismo. Fu comunque proprio Angel Wagenstein che poi propose la direzione a Konrad Wolf, che aveva conosciuto dagli studi moscoviti al Vkik.

Siamo nel 1943: prima di essere deportati ad Auschwitz, un gruppo di ebrei greci sefarditi vengono confinati in un villaggio bulgaro. Per aiutare una amica incinta, Ruth, una giovane ebrea, si rivolge a Walter, un sottufficiale della Wehrmacht ex studente d'arte chiamato dai camerati ironicamente "Rembrandt", che alla fine l'assiste. I due s'innamorano e Walter inizia a trasformarsi, entrando in conflitto con il suo superiore Kurt, un uomo spietato. Dopo una serie di complicate vicende in cui interviene la resistenza antinazista, nonostante il suo impegno, il protagonista non riuscirà a evitare la deportazione della ragazza amata ad Auschwitz.

Girato in tre lingue – tedesco, bulgaro e il ladino degli ebrei sefarditi, cosa del tutto inusuale all'epoca dove si doppiava tutto – *Sterne*, il cui titolo allude chiaramente alla stella cucita sui vestiti degli ebrei, inizia in modo molto potente

17. Thomas Heimann, *Bilder von Buchenwald: die Visualisierung des Antifaschismus in der DDR (1945–1990)*, Köln und Weimar, Böhlau, 2005, p. 55.

anche grazie all'abilità del grande direttore della fotografia Werner Bergmann (1921-1990), sin dal primo film abituale collaboratore del regista. Subito dopo i titoli di testa scanditi dalla canzone in yiddish *S'brent! briderlekh, s'brent!* di Mordechaj Gebirtig, arriva di notte un gruppo di prigionieri che salgono stipati sui carri bestiame di un treno. Un ufficiale apparentemente gentile aiuta una donna (che poi capiremo essere la protagonista) a salire sul vagone, si chiude il portellone su cui è appiccicato un documento di trasporto con il giorno della partenza (11/10/1943), vediamo una mano scrivere con il gesso "Juden", la destinazione "Polonia" e disegnare una stella di Davide. Mentre il treno si sta allontanando dalla stazione, si avvicina di corsa un militare trafelato e zoppicante che cerca di raggiungere il convoglio. Raccolta una stella di Davide di stoffa nel fango, probabilmente della ragazza, insegue ancora il treno ma si arresta quando entra in una galleria. Una voce fuori campo dal presente ci introduce a "cosa accadeva allora" e ci invita a seguire la storia dall'inizio. La stessa scena tornerà nel finale e poi subito anche la stessa voce in off dell'anonimo io narrante a comunicare allo spettatore che il nome del sottufficiale era ignoto agli abitanti del villaggio e perciò lo aveva chiamato tutti Walter. E soprattutto il monito: bisogna ricordare…

La potenza narrativa del film di Wolf, vincitore al Festival di Cannes, caso più unico che raro, del Premio speciale della Giuria (ma battendo la bandiera della sola Bulgaria),[18] venne persino riconosciuta in Germania occidentale dove alla metà del 1960 uscì in una versione censurata priva di una sequenza in sottofinale dove Walter si accordava per fornire armi ai partigiani.

Come si accennava, *Sterne* anticipava alcune delle innovazioni formali che in Germania occidentale sarebbero state successivamente il patrimonio del Ncd e c'è chi le ha definite «quasi rivoluzionarie».[19] La rivista cattolica «Film-Dienst» (numero 10, 1960), ad esempio, scrisse:

> Il regista Wolf sa vedere in modo cinematografico, sa inserire sofisticati montaggi paralleli e utilizzare le possibilità del monologo interiore, impostare contrasti audaci e usare il primo piano laddove è emotivamente necessario. Dipinge l'amore perduto dei due protagonisti con dei "Totali" in cui le persone si aggirano come se si fossero perse in una notte senza fine, e esibisce prospettive, carrellate, dissolvenze, effetti di luce e altri elementi formali che […] non sono usati da epigono, ma traducono nella visualità del cinema la profonda situazione emotiva con accortezza drammaturgica e senza esteriorizzazioni.

Senza dubbio uno dei film più notevoli e significativi mai girati nella Rdt.

Riguardo a quanto si diceva in precedenza sullo stretto rapporto alla Defa tra la rappresentazione dei temi legati alla Shoah e l'antifascismo comunista, il già

18. La DDR non aveva all'epoca rapporti diplomatici con la Francia e quindi sarebbe stato impossibile presentarlo in concorso – così venne fatto passare per un film bulgaro. *Sterne* ha comunque avuto varie difficoltà a uscire in sala, dalla Bulgaria stessa all'Unione sovietica e anche in Israele.

19. Frank Stern, Beer Sheva, *Real existierende Juden im DEFA-Film – ein Kino der subversiven Widersprüche*, in *Zwischen Politik und Kultur - Juden in der DDR*, a cura di Moshe Zuckermann, Göttingen, Wallstein, 2002, p. 150.

citato David Bathrick ricorda una formula dello scrittore polacco, premio Nobel, Czesław Miłosz che definiva così la rappresentazione comunista dei campi di concentramento:

> 1) i prigionieri devono essere visti come membri di organizzazioni clandestine; 2) i comunisti devono apparire come leader di queste organizzazioni; 3) tutti i prigionieri russi devono distinguersi per la loro forza morale ed eloquenza e 4) la condotta dei prigionieri dovrebbe essere dettata dalla loro posizione politica.[20]

Tutto ciò è esemplificato in maniera esemplare e cristallina nel film di Frank Beyer *Nackt unter Wölfen* (*Nudo tra i lupi*, 1963).

Formatosi alla scuola di cinema di Praga nella prima metà degli anni Cinquanta, il giovane regista nativo della Turingia si fa conoscere subito all'inizio del decennio successivo con una notevole trilogia antifascista iniziata con *Fünf Patronenhülsen* (*Cinque bossoli*, 1960), proseguita da *Königskinder* (*I bambini del re*, 1962) e culminata appunto in *Nackt unter Wölfen* (*Nudo tra i lupi*, 1963) tratto dall'omonimo romanzo di Bruno Apitz[21] (1958).[22] Soprattutto in questo ultimo si arricchisce – come già visto in precedenza con Konrad Wolf – il genere-principe della Defa, il film antifascista, di una non banale, inconsueta brillantezza di soluzioni visive nonché di una certa antiretorica nella presentazione dei personaggi, evitando di concedere troppo allo schematismo ideologico.

Tratto da una vicenda reale autobiografica di Apitz e ambientato poche settimane prima della Liberazione, tra il febbraio e l'aprile del 1945, *Nackt unter Wölfen* racconta del detenuto polacco Jankowski che viene trasferito al campo di concentramento di Buchenwald, portandosi dietro una valigia che non vuole assolutamente abbandonare e che contiene un bambino di circa tre anni. Quando due detenuti lo scoprono, si trovano davanti a una difficile alternativa: nascondere il bimbo non solo è estremamente difficile, ma mette anche a repentaglio il Comitato illegale del Campo, un gruppo di resistenza composto da comunisti di varie nazionalità, che si impegna a far partire il bambino con un trasporto verso un altro Kz. Tuttavia, due detenuti, Höfel e Kropinski, non eseguono la sofferta decisione presa dal collettivo della resistenza e occultano il bambino che se scoperto dalle SS sarebbe stato inevitabilmente ucciso. Prima viene nascosto nel deposito dei vestiti, poi in una baracca di malati, infine in un porcile. Le SS vengono a conoscenza del fatto tramite un informatore e Höfel e Kropinski sono duramente torturati per settimane senza però tradire il nascondiglio del piccolo e i loro compagni. Quando, infine, si approssima l'arrivo degli Alleati, i prigionieri liberano il

20. David Bathrick riporta la citazione da Stuart Liebman, *Les premières constellations du discours sur l'Holocauste dans le cinéma polonais*, in *De l'histoire au cinéma*, a cura di Antoine de Baecque e Christian Delage, Paris, Complexe, 1998, p. 196.

21. Il libro era stato già ridotto per la televisione della DDR da Georg Leopold nel 1960. Alcuni attori come Fred Delmare, Peter Sturm, Wolfram Handel e Angela Brunner sono rimasti gli stessi (e addirittura spesso con gli stessi dialoghi) nella versione cinematografica di Beyer. Nel 2015, ancora per la televisione, Philipp Kadelbach ha diretto un'ulteriore riduzione del romanzo di Apitz.

22. Trad. it. *Nudo tra i lupi*, Milano, Longanesi, 1961 e successive.

campo da soli con armi da loro costruite o introdotte di nascosto. Con coraggio e ingegno, dunque, hanno aiutato l'umanità a vincere e salvare la vita di un bimbo.

Il film ricalca fedelmente le orme del romanzo: alcuni dei personaggi portano gli stessi nomi di ex compagni di prigionia del romanziere, che aveva passato otto anni a Buchenwald – in questo modo l'autore ha voluto onorarli. Viceversa la vicenda del bambino si discosta dagli eventi reali, pur prendendo spunto dalla storia di Stefan Jerzy Zweig, nascosto nel campo di concentramento all'età di tre anni.

Pur con qualche caduta per il pathos e per una rappresentazione di alcuni personaggi persino troppo buoni e generosi, *Nackt unter Wölfen* ha, però, un'impronta quasi documentaristica – un effetto di realismo accentuato dal fatto che come in *Sterne* gli attori di varia nazionalità parlano la propria lingua. E come è stato giustamente scritto:

> Beyer ha svolto il suo lavoro con semplicità e compostezza: era meno interessato alla descrizione concreta delle condizioni del KZ di Buchenwald che al conflitto fondamentale tra la compassione umana e la comprensione politica.[23]

A seguito dell'XI Plenum del Comitato Centrale della Sed (Partito socialista unificato di Germania), il 16-18 dicembre 1965, la politica di liberalizzazione in atto in campo culturale subì uno stop traumatico con il conseguente ritiro dal mercato o il blocco in produzione di un nutrito gruppo di film, i cosiddetti *Verbotsfilme* (Film vietati) – un mutamento di strategia della dirigenza della DDR dovuto principalmente all'entrata in carica di Leoníd Bréžnev in Unione sovietica nell'ottobre 1964 in seguito alla "deposizione" di Nikita Krusciov. Nel novero dei film colpiti dal divieto si trovava anche *Spur der Steine* (*Traccia di pietra*, 1965) di Frank Beyer – dovettero passare quasi dieci anni di "emigrazione interna" in teatro e in televisione prima che il regista potesse tornare a dirigere un'altra opera per il cinema, in un momento di relativo armistizio tra intellighenzia e potere. *Jakob der Lügner* (*Jakob il bugiardo*, 1974) si è trasformato allora in una delle sue opere migliori che – questo sì caso unico nella storia della Defa – giunse persino alla nomination agli Oscar come miglior film straniero.

Tale risultato positivo era dipeso soprattutto, come sempre in Beyer, da una sapiente direzione degli attori (tra cui Armin Müller-Stahl, diventato poi in Occidente una star internazionale) e dal continuo variare del registro narrativo – tra dramma e humour ebraico – per esprimere il tema della solidarietà e di un atteggiamento di umanità rispetto al prossimo.

In effetti, la Defa aveva pianificato di produrre la sceneggiatura originale di Jurek Becker nel 1966 ma il progetto venne accantonato per vari motivi pratici non ultimo per il fatto che Beyer era stato, per punizione, trasferito al Teatro di Dresda a seguito del ritiro dalle sale dell'inviso *Spur der Steine*. Allora Jurek Becker decise di trasformare la sceneggiatura nel romanzo omonimo.[24] Il grande successo del libro spinse la Defa nel 1972 a riconsiderare la decisione di realizzarlo ma seguirono altre vicissitudini produttive prima che il film finalmente

23. Ulrich Gregor, *Geschichte des Films ab 1960*, München, Bertelsmann, 1978, p. 333.
24. Berlin, Aufbau Verlag, 1969, trad. it. Roma, Editori Riuniti, 1976 e poi edizioni successive.

potesse essere girato. Per la parte del protagonista Jakob era stato scelto il famoso attore della Rft Heinz Rühmann – scelta che venne addirittura proibita dallo stesso Erich Honecker, il segretario generale della Sed. Alla fine il ruolo venne dato al noto attore ceco Vlastimil Brodský – peraltro già stato preso in considerazione da Frank Beyer per la produzione fallita del 1966 – e a lui venne poi assegnato al Festival di Berlino del 1975 l'Orso d'argento per la migliore interpretazione.

Nel 1944 in una cittadina polacca occupata dai nazisti, gli ultimi superstiti di un ghetto sopravvivono tra mille stenti, impiegati nei più disparati lavori ed evitando temporaneamente la tragica sorte dei campi di sterminio. Jakob Heym viene mandato alla locale *Kommandantur* della Gestapo per aver violato il coprifuoco. Per caso riesce a salvarsi, e per caso ha sentito alla radio una notizia riguardante l'avanzata dell'Armata rossa. Vuole trasmetterla ai suoi compagni di sofferenza e dare loro speranza, ma teme di essere scambiato per un informatore. Così ricorre a una bugia, fingendo di aver nascosto una radio. Il tasso di suicidi nel ghetto, prima elevato, si riduce a zero. Jakob salva la piccola Lina, gravemente malata, il suo amico Kowalski, con il quale può ora rivivere i tempi passati e felici, pensa a come investire al meglio il suo denaro nascosto dopo la fine della guerra, e Mischa vuole sposare Rosa – come promessa reciproca di un futuro pieno di speranza. I decimati abitanti del ghetto acquistano nuovo coraggio per affrontare la vita ma vogliono da Jakob sempre più informazioni sull'avanzata degli Alleati. L'uomo deve continuare a mentire per mantenere la speranza di sopravvivenza e si perde sempre più nel suo mondo di fantasia: sogna il negozio dove un tempo vendeva frittelle di patate o la bella Josefa che segretamente adorava. E attira la piccola Lina nel suo mondo fiabesco a tal punto che la bambina, quando scopre che Jakob sta solo "recitando" la radio per lei, lo asseconda. Finché, alla fine, l'ordine di partire raggiunge anche la strada di Jakob nel ghetto: «Andiamo a fare un viaggio! Ce ne andiamo!».

Come nel precedente caso di *Nackt unter Wölfen*, Frank Beyer si mantiene molto fedele al testo del libro, da cui comunque è stata espunta la storia parallela del Professor Kirschbaum. Rimarchevole è la mancanza di ideologia che circola nel film, la cui bellezza è dovuta, oltre alla grande qualità del testo di Jurek Becker, alla straordinaria abilità registica di descrivere gli abitanti del ghetto con grande sensibilità tanto nella loro vita quotidiana quanto nella loro lotta per la sopravvivenza dove un'allegria quasi surreale o l'ironia sottile convivono e si scambiano con la disperazione e la morte. Ed è proprio ciò che manca nel remake del 1999 *Jakob the Liar* (*Jakob il bugiardo*) diretto da Peter Kassovitz e con Robin Williams protagonista, dove la storia narrata manca di quella umanità sottile che Bayer e i suoi attori erano riusciti a conferirgli.

E possiamo chiudere qui questo nostro excursus ricordando solo alcuni altri titoli successivi molto meno significativi, come un televisivo e sconosciuto *Das Tagebuch der Anne Frank* (*Il diario di Anna Frank*, 1982), *Mirjana Erceg* oppure, alla vigila della caduta del muro, *Stielke, Heinz, fünfzehn* (*Stielke, Heinz, Quindici anni*, 1987) di Michael Kann e *Die Schauspielerin* (*L'attrice*, 1988) di Siegfried Kühn.

Guido Vitiello

Viaggi nel tempo, guerre dei mondi e superpoteri. La fantascienza e il «pianeta delle ceneri»

1. *Fantasie di testimonianza*

Il 7 giugno 1961, nel processo contro Adolf Eichmann a Gerusalemme, il procuratore Hausner chiama a deporre Yehiel De-Nur, un ebreo polacco che dalla fine della guerra vive in Israele, dove è noto per i romanzi d'ispirazione autobiografica pubblicati sotto il non-nome di Ka-Tzetnik 135633, il suo numero identificativo ad Auschwitz.[1] La sua breve deposizione, culminata in un plateale svenimento, è declinata secondo un insolito registro astrologico-fantascientifico. Auschwitz diventa nelle sue parole il «pianeta delle ceneri», un astro che esiste in una dimensione parallela alla nostra e continua a esercitare il suo influsso maligno. È da lì che De-Nur porta la sua testimonianza:

> È una cronaca del pianeta Auschwitz. Sono stato lì per circa due anni. Il tempo laggiù non è come qui sulla Terra. Ogni frazione di minuto lì passava su una diversa scala di tempo. E gli abitanti di questo pianeta non avevano nomi, non avevano genitori e non avevano figli. Non si vestivano come noi ci vestiamo qui; non erano nati là e non concepivano; respiravano secondo diverse leggi di natura; non vivevano né morivano secondo le leggi di questo mondo.[2]

Non sappiamo se Rod Serling, creatore della popolare serie televisiva *Ai confini della realtà* (*The Twilight Zone*, 1959-1964), avesse in mente De-Nur quando scriveva la sceneggiatura di *La vendetta del campo (Death's Head Revisited)*, episodio che la Cbs mise in onda il 10 novembre 1961, cinque mesi dopo la deposizione dello scrittore israeliano. Ma è certo che la puntata trae ispirazione dal processo Eichmann, il primo evento televisivo che fece familiarizzare il pubblico americano con l'Olocausto.[3] *La vendetta del campo* trasfigurava

1. Su Ka-Tzetnik l'opera di riferimento è *Holocaust History and the Readings of Ka-Tzetnik*, a cura di Annette Timm, London-New York, Bloomsbury, 2018.

2. Per un accurato resoconto della testimonianza di De-Nur, cfr. Deborah E. Lipstadt, *The Eichmann Trial*, New York, Nextbook Press/Schocken, 2011, pp. 159-161.

3. Cfr. Jeffrey Shandler, *While America Watches: Televising the Holocaust*, Oxford-New York, Oxford University Press, 1999, pp. 124-127; Hanno Loewy, *Zwischen Judgment und Twi-*

l'eco del processo nella chiave fantastica e fantascientifica propria di tutta la serie.[4] Anche qui alla sbarra c'era un criminale nazista fuggiasco in Sudamerica, l'immaginario Gunther Lutze, ex comandante del campo di Dachau, tornato in Germania sotto le false generalità del turista Schmidt. Ma i suoi accusatori non erano dei sopravvissuti: erano gli spettri dei deportati uccisi, risorti dalle ceneri per processare il loro assassino in una baracca del campo. Questo tribunale fantasma lo condannava alla follia, e Lutze si risvegliava dall'incubo in preda a urla e convulsioni da ossesso. «Un luogo come Dachau non può esistere soltanto in Baviera. Per sua natura, per sua stessa natura, dev'essere una delle aree popolate che si trovano ai confini della realtà», diceva la voce narrante di Rod Serling. Come un pianeta misterioso, il lager sfumava nel cielo stellato che apriva e chiudeva ogni episodio, ma solo per essere trasformato in un esempio morale permanente, in un monito contro l'inumanità in tutte le sue forme: nulla di più lontano dalla metafisica angosciante di Ka-Tzetnik. Il buon cuore e la difesa dei valori democratici, sembrava suggerire Serling, sono più che sufficienti a confinare i campi in quella «zona crepuscolare» ai confini della realtà e a neutralizzare i raggi mortali provenienti dal pianeta delle ceneri. L'Olocausto aveva appena intrapreso il lungo viaggio che lo avrebbe inscritto nel pantheon dei valori americani, come fonte di lezioni storiche e morali. Dagli anni Sessanta in poi, lo vedremo riapparire qua e là nelle serie televisive più popolari, come una sorta di «Olandese volante sociopolitico».[5] Tra i territori che esplorerà, seppure in maniera rapsodica, ci sarà anche la fantascienza.[6] Veleggiando per lo spazio e il tempo, tuttavia, si troverà ad attraversare stagioni nelle quali la sensibilità verso Auschwitz è radicalmente mutata.

Quasi quarant'anni dopo, per esempio, la nemesi di un criminale nazista è di nuovo al centro di un episodio di fantascienza televisiva che richiama *La vendetta del campo*. S'intitola *Tribunal*, e fa parte della nuova serie di *Oltre i limiti* (*The Outer Limits*, 1995-2002), nata negli anni Sessanta per gareggiare con *Ai confini della realtà* e rilanciata nel 1995 sul network via cavo Showtime e poi su Sci Fi Channel. Nel paragone tra i due episodi si misura tutto lo scarto tra la nascente memoria pubblica dell'Olocausto, impegnata a trarre ammaestramenti da un passato doloroso al fine di impedirne la ripetizione, e l'aspirazione contemporanea a rivivere vicariamente l'esperienza dei campi per mezzo di quelle che Gary Weissman chiama «fantasie di testimonianza».[7]

light. Schulddiskurse, Holocaust und das Courtroom Drama, in *Die Shoah im Bild*, a cura di Sven Kramer, München, Edition Text+Kritik, 2003, pp. 133-169.

4. Cfr. Peter Wolfe, *In the Zone: The Twilight World of Rod Serling*, Bowling Green, Popular Press, 1997, pp. 151-152.

5. Cfr. Shandler, *While America Watches*, p. 151.

6. Il testo di riferimento più completo è il recentissimo Brian E. Crim, *Planet Auschwitz: Holocaust Representation in Science Fiction and Horror Film and Television*, New Brunswick (NJ), Rutgers University Press, 2020.

7. Gary Weissman, *Fantasies of Witnessing. Postwar Efforts to Experience the Holocaust*, Ithaca-London, Cornell University Press, 2004.

Questo è evidente fin dalle parole che introducono *Tribunal*: «Si dice che quelli che ignorano il passato sono destinati a ripeterlo. Ma quali pericoli aspettano quelli che non possono dimenticare il passato, che sono ossessionati dal riviverlo?». La trama dell'episodio, messo in onda il 14 maggio 1999, merita un'esposizione dettagliata. Leon Zgierski, ex deportato, ha perso moglie e figlia ad Auschwitz, morte entrambe per mano del sadico comandante delle SS Karl Rademacher. Molti anni dopo il giovane avvocato Aaron Zgierski, figlio di secondo letto di Leon, si mette sulle tracce di Rademacher e scopre che l'aguzzino vive negli Stati Uniti sotto falso nome, ma non ha elementi per portarlo davanti alla giustizia. Finché un giorno uno strano ometto vestito di nero con in testa una bombetta lo contatta e comincia a fornirgli ciò di cui ha bisogno per incastrare Rademacher: la vecchia uniforme da SS, i documenti dell'epoca, un fazzoletto sporco di sangue che permetterebbe di riscontrarne il Dna, e così via. Aaron, incredulo, indaga sul misterioso benefattore fino a scoprire che l'uomo, Nicholas Prentice, è un viaggiatore nel tempo che si serve di un prodigioso orologio da tasca per trasportarsi da un'epoca all'altra: è andato a pescare le prove direttamente sul luogo del delitto, ad Auschwitz nel 1944. Ma l'avvocato, proprio mentre indaga su Prentice, aziona per errore l'orologio magico: si ritrova nel lager, mezzo secolo prima, dove incontra il padre e la sorellastra morta prima che lui nascesse. Tornato nel presente, scopre anche che Prentice viene dal futuro, e che è il suo pronipote non ancora nato: se Zgierski uccidesse Rademacher per vendetta, innescherebbe una catena di conseguenze per la quale Prentice non vedrebbe mai la luce. Così, davanti al rischio concreto che Rademacher fugga in Argentina, l'avvocato usa il potere dell'orologio per compiere in altro e più sottile modo la sua opera di giustizia: fa indossare all'ex nazista la casacca del deportato e lo riporta nel 1944 ad Auschwitz. L'aguzzino si trova così, anziano e inerme, in balia del sé stesso più giovane. Terrorizzato, prova a convincere i guardiani che si trova lì per equivoco, che è un fedele membro del partito e che odia gli ebrei, ma invano: il giovane Rademacher spara al vecchio Rademacher. Saldato questo primo conto con il passato, Aaron ricorre ai poteri dell'orologio per riparare un altro torto: vuole salvare la sorellastra e portarla nel futuro, così che possa incontrare il padre. La bambina, sbalzata negli anni Novanta, riabbraccia il genitore sbalordito e commosso, convinta però che quell'uomo così anziano sia il nonno.

Se ci siamo soffermati tanto su questo intreccio ingegnoso, che potrebbe apparire astruso e melodrammatico, è perché il poscritto lo illumina di una luce diversa: «Dedicato a mio padre che è sopravvissuto ad Auschwitz... e a sua moglie e sua figlia che non sono sopravvissute». L'autore dell'episodio, Sam Egan, produttore televisivo e giornalista, è figlio di un ex deportato, e *Tribunal*, ispirato alla vicenda del padre, è il suo modo immaginario di rielaborare il passato familiare e di raddrizzarne i torti per mezzo dei poteri illimitati della fantascienza. La chiusa – «Le ferite della guerra corrono profonde, attraversano le generazioni. Ma c'è sempre la speranza della guarigione» – colloca la narrazione nella catena delle memorie familiari e delle riverberazioni intergenerazionali del trauma,[8] ma l'accenno a «quelli che non possono dimenticare il passato, che sono ossessionati dal riviverlo» fa di *Tribunal* un caso di scuola di «fantasia di testimonianza». Il *topos* del viaggio nel tempo consente al figlio di rivivere l'evento fondativo della storia familiare.[9]

2. *Guerre dei mondi*

Altro *topos* dell'immaginario fantascientifico è la «guerra dei mondi». Nelle *Benevole* di Jonathan Littell il narratore, l'SS Maximilien Aue, s'immerge nei romanzi del «ciclo di Marte» dello scrittore di fantascienza Edgar Rice Burroughs e si sorprende a constatare «come quel prosatore americano fosse uno degli ignoti precursori del pensiero *völkisch*». Si affretta a redigere un breve saggio da sottoporre a Himmler, dove propone le fantasie di Burroughs come modello per le riforme sociali da introdurre dopo la vittoria. Le idee più radicali sono riservate all'élite delle SS, «che doveva prendere esempio dai marziani verdi, quei mostri alti tre metri dotati di quattro braccia e di zanne». Himmler, incuriosito, si ripromette di discuterne appena possibile.[10] È una pagina di un umorismo nerissimo, dove le fantasie di grandezza delle SS si rivestono di pacchianeria adolescenziale. Ma è pur vero che nella realtà le cose andarono tutte a rovescio: più che immaginarsi come marziani verdi, le SS e gli scienziati razzisti videro negli ebrei qualcosa di molto simile a una specie aliena da annientare. È celebre lo sguardo posato dall'ingegnere Pannwitz del Reparto Polimerizzazione di Auschwitz su Primo Levi, «scambiato come attraverso la parete di vetro di un acquario tra due esseri che abitano mezzi diversi».[11]

Che la fantascienza abbia trasfigurato nell'incontro-scontro con le razze aliene i rapporti tra i popoli terrestri è vero fin dai padri fondatori: *La guerra dei mondi* (1898) di H.G. Wells attraverso l'invasione marziana parlava in codice del colonialismo britannico. Sono rari, tuttavia, i casi in cui la Shoah ha fatto da rife-

8. Cfr. Vamik D. Volkan, Gabriele Ast, William F. Greer, *The Third Reich in the Unconscious: Transgenerational Transmission and Its Consequences*, London-New York, Brunner-Routledge, 2002.

9. Il viaggio del tempo è usato invece come nemesi «pedagogica» nel contributo di John Landis al film collettivo *Ai confini della realtà* (*The Twilight Zone - The Movie*, 1983), omaggio alla serie di Serling: qui un razzista e antisemita americano si ritrova nella Francia occupata e finisce deportato (cfr. Claudio Gaetani, *Il cinema e la Shoah*, Genova, Le Mani, 2006, pp. 130-133). Un espediente simile ricorre in *L'aritmetica del diavolo* (*Devil's Arithmetic*, D. Deitch, 1999), dove una ragazzina ebrea americana indifferente alla storia si trova proiettata nel 1941 in un campo di concentramento (cfr. Lawrence Baron, *Projecting the Holocaust into the Present. The Changing Focus of Contemporary Holocaust Cinema*, Oxford, Rowman & Littlefield, 2005, pp. 187-191). Altre opere di fantascienza post-Auschwitz che si prestano a considerazioni simili sono *Anna to the Infinite Power* (R. Wiemer, 1983) e soprattutto *Terminator* (J. Cameron, 1984). Per una discussione più dettagliata cfr. il mio *Il testimone immaginario. Auschwitz, il cinema e la cultura pop*, Napoli, Ipermedium, 2011.

10. Jonathan Littell, *Le Benevole*, Torino, Einaudi, 2007, pp. 795-796 (ed. or. 2006).

11. Primo Levi, *Se questo è un uomo*, Torino, Einaudi, 1958, p. 134.

rimento esplicito a una narrazione fantascientifica. Se il regime hitleriano e la sua simbologia sono ricorrenti nella fantascienza, specie in quella «controfattuale», la Shoah ne è rimasta per lo più ai margini, forse perché, suggerisce Gavriel Rosenfeld, una «storia alternativa» in cui lo sterminio non è mai avvenuto avrebbe sgradevoli consonanze con le teorie negazioniste.[12]

Tra le eccezioni a questa regola c'è un episodio della popolarissima serie fantascientifica *Star Trek* (1966-1969) intitolato *Gli schemi della forza (Patterns of Force)*, trasmesso dalla Nbc il 16 febbraio 1968.[13] L'equipaggio dell'astronave Enterprise, in missione per esplorare nuovi mondi, atterra sul pianeta Ekos. L'obiettivo è indagare sulla sparizione di uno storico, il professor John Gill, che era lì per conto della Federazione Unita dei Pianeti, istituzione che governa l'umanità e i popoli extraterrestri umanoidi. Il comandante Kirk, l'ufficiale Spock e il dottor McCoy, eroi della serie, devono constatare con una certa sorpresa che gli abitanti di Ekos, che hanno fama di essere un popolo bellicoso, primitivo e in stato di anarchia, hanno ricreato pedissequamente il modello politico della Germania nazista, adottandone i principi e i simboli. Il loro Führer ha dato l'ordine di scatenare la *Final Solution* (addolcita, nel doppiaggio italiano, in «operazione finale»), ossia l'eliminazione di tutti gli abitanti del pianeta Zeon, a partire da quelli che risiedono a Ekos. Il richiamo alla *Endlösung* hitleriana è esplicito, così come l'identificazione di Sion e Zeon, i cui abitanti portano nomi come Isak e Abrom. L'equipaggio dell'Enterprise scoprirà che il nuovo Führer è proprio lo scomparso professor Gill, che in violazione della Prima direttiva della Federazione (non interferire nelle civiltà aliene) ha cercato di portare l'ordine tra gli ekosiani ispirandosi al modello nazista, ma che non intendeva sterminare gli Zeon: è stato drogato e manipolato dal suo vice Melakon, su cui ricade per intero la colpa del progetto genocida. La guerra di sterminio è sventata, Melakon ucciso, e in punto di morte il professor Gill capovolge il celebre detto di Santayana ammettendo che «neanche gli storici imparano dalla storia: ripetono gli stessi errori». Come in *La vendetta del campo*, anche qui l'Olocausto è occasione per una lezione politica e morale, ma il contesto è mutato: sullo sfondo c'è il conflitto del Vietnam giunto al suo culmine più acuto, e appena alle spalle c'è la guerra dei Sei giorni, che ha visto profilarsi una nuova e combattiva immagine di Israele. Non per caso, gli Zeon sono dei resistenti organizzati e armati di tutto punto. La Federazione (che in *Star Trek* è spesso un'allegoria degli Stati Uniti) deve interrogarsi sul dilemma tra interventismo e isolazionismo: il professor Gill ha sbagliato a interferire nella politica interna del pianeta Ekos, ma adesso? Bisogna salvare gli Zeon dalla minaccia di sterminio o attenersi alla missione originaria e limitarsi a recuperare l'ostaggio? Nel dilemma s'intrecciano la riparazione immaginaria

12. Gavriel D. Rosenfeld, *The World Hitler Never Made: Alternate History and the Memory of Nazism*, New York-Cambridge, Cambridge University Press, 2005, p. 335.

13. Cfr. Jeffrey Shandler, *Aliens in the Wasteland: American Encounters with the Holocaust on 1960s Science Fiction Television*, in *The Americanization of the Holocaust*, a cura di H. Flanzbaum, Baltimore-London, Johns Hopkins University Press, 1999, pp. 33-44.

del passato – la possibilità di fermare in tempo i nazisti – e i dubbi sul presente coinvolgimento nella guerra contro i Viet Cong.

La più esplicita trasfigurazione dell'Olocausto nei termini di una «guerra dei mondi» arriva però due decenni dopo. Nei primi di maggio del 1983 la Nbc trasmette, in due giorni, la miniserie *V - Visitors*, scritta e diretta da Kenneth Johnson.[14] La saga dei Visitors – che ha avuto lunga vita in formati e media diversi, dalla Tv al romanzo, e di cui è stato prodotto un remake nel 2009 – ha per oggetto un'invasione aliena che ricalca l'esperimento nazista. Una flotta di dischi volanti provenienti da un pianeta lontanissimo, il quarto dalla stella Sirio, approda simultaneamente nelle capitali di tutto il mondo. Gli alieni sono simili agli uomini nell'aspetto e assicurano di venire in pace: hanno bisogno delle risorse della Terra per salvare il loro pianeta morente, e in cambio possono offrire le loro competenze tecnologiche. L'umanità li accoglie festosamente, ma passo dopo passo è ridotta in schiavitù. Nelle loro tute arancioni, il cui stemma è una sorta di svastica disegnata a cristalli liquidi, gli alieni chiedono e ottengono sospensioni delle libertà civili, coprifuoco e posti di blocco, con il favore di un'opinione pubblica entusiasta per il ritrovato ordine. Scatenano poi, con il pretesto di una congiura da sventare, una violenta persecuzione contro gli scienziati, i soli che potrebbero svelare il loro segreto, che sarà scoperto dal reporter Mike Donovan: i visitatori sono alieni rettiliani camuffati da esseri umani, sotto la pelle hanno squame verdastre, si cibano di topi e sono arrivati sulla Terra per fare scorta di esseri umani come fonte di cibo. Per quest'ultimo scopo, allestiscono dei campi speciali.

In *V - The Final Battle* (1984), primo *sequel* della miniserie, i lager rettiliani sono visti in funzione: riproduzioni fedeli dei campi nazisti, dove il filo spinato è sostituito in parte dal laser e le torrette di guardia sono bianche come il resto delle installazioni astronautiche. Anche la procedura segue il modello nazista: gli umani sono fatti entrare in grossi camion e accolti con rassicurazioni – «Sarete irrorati con una sostanza disinfettante che non vi arrecherà alcun danno» – per poi finire incapsulati, messi in ordinate file su un nastro trasportatore e immagazzinati per essere spediti sul pianeta remoto. In seguito alla scoperta di Donovan si forma un movimento clandestino di resistenza (il reporter ne sarà uno dei capi) le cui azioni costituiscono il cuore della narrazione. Le allusioni al nazismo sono onnipresenti: il giovane scapestrato che si fa arruolare nella Visitor Youth, una sorta di *Hitlerjugend* aliena; il collaborazionismo e le viltà delle popolazioni umane sottomesse; la delazione sistematica, anche all'interno delle famiglie; la propaganda e il controllo totalitario; la defezione di una piccola parte di alieni buoni. Secondo uno schema che si era già affermato nella fantascienza catastrofica del decennio precedente, il primo ad accorgersi della minaccia portata dai visitatori è un sopravvissuto dell'Olocausto. L'anziano ebreo Abraham Bernstein, nonno del giovane arruolato nella Visitor Youth, si offre di prestare un nascondiglio agli scienziati perseguitati. Davanti

14. Dan Copp, *Fascist Lizards from the Outer Space. The Politics, Literary Influences and Cultural History of Kenneth Johnson's V*, Jefferson NC, McFarland, 2017.

alle resistenze del figlio che non vuole accollarsi il rischio, Abraham parla con l'autorità che gli deriva dal suo status di testimone:

> Tua madre – riposi in pace – tua madre non ebbe un attacco di cuore mentre era sul carro merci. Lei arrivò al campo assieme a me. Mi sembra ancora di vederla, Stanley, diritta in piedi, tutta nuda, in quell'aria gelida. Non aveva più i suoi bei capelli corvini: l'avevano rasata a zero. Io la vedo ancora, Stanley, mentre mi mandava l'ultimo cenno di saluto, mentre la trascinavano verso le docce. Erano docce senz'acqua, Stanley. E forse, forse se qualcuno ci avesse dato un posto per nasconderci... Hai capito adesso? Devono stare qui, Stanley, altrimenti vuol dire che non abbiamo imparato niente.

Denunciato dal nipote, cadrà tra le mani dei visitatori avvolto nel suo talled, non prima di aver insegnato a un gruppo di ragazzi a disegnare sui muri quello che diventerà il simbolo della resistenza, una grande «V» che sta per vittoria. Il personaggio incarna la nuova icona del sopravvissuto, che si è affermata presso il pubblico americano soprattutto grazie alla figura di Elie Wiesel: il depositario di un segreto doloroso che è fonte di chiaroveggenza profetica.

3. *Nascita di un supereroe*

Torniamo al processo di Gerusalemme. Dopo aver descritto Auschwitz come «pianeta delle ceneri», Ka-Tzetnik spiegò come da quelle ceneri fosse riuscito a risorgere:

> Se oggi sono in grado di stare davanti a voi e di riferirvi cosa accadeva all'interno di quel pianeta, se io, un fuoriuscito di quel pianeta, sono in grado di essere qui oggi, credo con assoluta certezza che questo è dovuto al giuramento che ho fatto loro laggiù. Loro mi hanno dato questa forza. Questo giuramento è stato l'armatura per mezzo della quale ho acquisito il potere soprannaturale, così da essere in grado, dopo tempo – il tempo di Auschwitz – i due anni in cui sono stato un musulmano, di superarlo.

Feiner cambiò il suo nome in De-Nur («dal fuoco», in aramaico) perché si era persuaso che l'aver attraversato le fiamme di Auschwitz lo avesse mutato in una salamandra invincibile (*Salamandra*, il suo primo libro pubblicato nel 1946, è anche il titolo che scelse di dare al suo sestetto di romanzi autobiografici). Si vide lacerato tra due identità inconciliabili, quella con cui era entrato ad Auschwitz e quella con cui ne era uscito, quando scampò alla morte nascondendosi in un bidone di carbone sul camion diretto alle camere a gas.

Che dalle sofferenze estreme ci si possa forgiare la corazza di un potere soprannaturale e trasformarsi in una creatura non più del tutto umana potrà suonare insolito nella vita reale, ma è la norma quando diamo un'occhiata alle biografie dei supereroi. Batman assiste, bambino, all'assassinio brutale dei genitori, e da qui prende la strada che lo porterà a diventare un vendicatore oscuro e notturno. *Superman*, creato nel 1932 da due giovanissimi ebrei americani, il disegnatore Joe Schuster e lo scrittore Jerry Siegel (che si meritò una nota feroce di Josef Goebbels nel giornale delle SS, *Das Schwarze Korps*)[15] fugge lui pure da un passato terribile, la distruzione del suo pianeta Krypton. Spesso i superpoteri hanno origine in un trauma individuale e collettivo insieme. Molti per esempio sono gli eroi che traggono il loro potere dalle radiazioni nucleari o da altre sperimentazioni militari – i raggi gamma di Hulk – stabilendo un legame simbolico con il disastro di Hiroshima e con le paure della Guerra fredda. Unico invece è il caso di Magneto, uno degli X-Men della Marvel Comics, i cui superpoteri nascono ad Auschwitz.[16]

Creata nel 1963 da Stan Lee, sospesa nel 1970, rilanciata da Chris Claremont nel 1974 e tradotta a partire dal 2000 in un ciclo di film prodotti dai Marvel Studios, la saga degli X-Men ruota attorno a un gruppo di supereroi mutanti che a causa di anomalie genetiche possiedono poteri e caratteristiche che li isolano dal resto degli uomini. Davanti a un contesto ostile – l'intolleranza cresce al punto che viene promulgata una legislazione anti-mutanti, memore delle leggi di Norimberga – il telepata professor Xavier, fondatore del gruppo degli X-Men, predica la convivenza pacifica tra umani e mutanti e l'uso dei superpoteri per il bene comune. Il suo arci-nemico è Magneto, capo della Brotherhood of Evil Mutants, l'ala dura dei mutanti che rifiuta qualunque compromesso con gli umani e che anzi punta a ottenere la supremazia sul pianeta. Il suo superpotere consiste in un immenso controllo sulle forze elettromagnetiche, che gli consente di attirare e manipolare i metalli, sollevare pesi incredibili, spostare interi sottomarini.

Già nella prima versione di Stan Lee, al secolo Stanley Martin Lieber, figlio di ebrei rumeni immigrati a New York, gli occasionali riferimenti al nazismo e all'Olocausto fornivano un retroterra storico esemplare a quella che in fin dei conti è una storia di persecuzione e di intolleranza. Ma è solo con il rilancio della saga nel 1974 a opera di Chris Claremont, giovane ebreo britannico approdato negli Stati Uniti, che il passato di Magneto ad Auschwitz è messo al centro delle ambiguità del personaggio.[17] Claremont, nato a Londra nel 1950, a vent'anni aveva passato alcuni mesi in Israele in un kibbutz, fianco a fianco con i sopravvissuti della Shoah. Durante il fine settimana, ha raccontato, nel kibbutz proiettavano dei film, e quando la scelta cadde su *Vincitori e vinti* (*Judgment at Nuremberg*, Stanley Kramer, 1961), un *courtroom drama* su uno dei "processi minori" di Norimberga ai funzionari del Terzo Reich, Claremont rimase scioccato dalla scena

15. La nota di Goebbels, suscitata da un episodio del fumetto in cui Superman demolisce parte della Linea Sigfrido, definiva Siegel «intellettualmente e fisicamente circonciso» e il supereroe un «bellimbusto con un corpo ipersviluppato e una mente sottosviluppata». Citato in Robert G. Weiner, Lynne Fallwell, *Sequential Art Narrative and the Holocaust*, in *The Routledge History of the Holocaust*, a cura di Jonathan C. Friedman, London-New York, Routledge, 2011, pp. 464-469.

16. Sull'origine traumatica dei superpoteri, cfr. Kathrin M. Bower, *Holocaust Avengers: From The Master Race to Magneto*, in «International Journal of Comic Art», 6/2 (2004), pp. 182-194.

17. Sulle due stagioni di X-Men e il loro rapporto con l'ebraismo, cfr. Danny Fingeroth, *Disguised as Clark Kent. Jews, Comics, and the Creation of the Superhero*, London-New York, Continuum, 2007, pp. 113-130.

in cui il procuratore proietta in aula i filmati della liberazione di Dachau.[18] Da qui l'idea di radicare nei lager la storia di Magneto:

> Ho pensato: qual era l'evento più trasfigurante del nostro secolo che potesse combinarsi con il concetto generale degli X-Men come emarginati e perseguitati? *Doveva* essere l'Olocausto! Tutto il resto si è messo a posto da sé, perché mi consentiva di trasformare Magneto in una figura tragica che vuole salvare il suo popolo. Magneto era definito da ciò che gli era accaduto.[19]

Fino ad allora i riferimenti ai campi di concentramento, per esempio nei fumetti di Wonder Woman o di Captain America, avevano sempre avuto un'intonazione tra il propagandistico e il pedagogico.[20] Con il Magneto di Claremont, Auschwitz diventa il luogo di un'esperienza estrema dove rabbia e dolore si trasfigurano in superpoteri. In un albo di *The Uncanny X-Men*, Magneto si abbandona a una confessione sulle sue origini e su quelle del suo costume (n. 274, marzo 1991):

> E sento l'eco della voce di Der Führer nella radio della memoria, annuso il puzzo orribile dei malati e dei moribondi mentre i carri bestiame portavano i condannati ad Auschwitz. Mi vesto di rosso, il colore del sangue, come tributo alle loro vite perdute. E più provo a mettere tutto questo da parte, a trovare una via più conciliante, più irresistibilmente sono riportato indietro. Sarei dovuto morire con quelli che amavo. Invece, ho trasportato i corpi a centinaia, a migliaia – dalla casa della morte al crematorio – e poi le ceneri al terreno della sepoltura. Chiedendomi ora quel che non potevo chiedermi allora – perché sono stato risparmiato?

Sopravvissuto ad Auschwitz, ricercato come terrorista, diventato guerriero per l'ossessione di un nuovo Olocausto anti-mutanti, redento, processato per crimini contro l'umanità, temporaneamente alleato dei mutanti buoni del professor Xavier, infine di nuovo tentato dal suo lato oscuro. Attraverso Magneto la saga degli X-Men mette in campo tutti i dilemmi dell'ebraismo dopo Auschwitz: il legame mortifero con il passato, l'oscillazione tra orgoglio identitario e assimilazione, la figura dell'ebreo combattente e le aporie della violenza. È il simbolismo dei campi magnetici la tastiera su cui è modulato il complesso intreccio di trauma, memoria e distruzione intorno a cui è costruito il personaggio di Magneto. Un simbolismo ben visibile nel ciclo di film inaugurato nel 2000. La sequenza iniziale di *X-Men* (Bryan Singer, 2000) mostra il primo manifestarsi dei superpoteri di Magneto: nel momento in cui le SS lo strappano ai genitori, la disperazione fa scaturire dalle sue mani una forza magnetica in grado di riaprire per un attimo i cancelli del lager,

18. L'episodio è raccontato in Arie Kaplan, *From Krakow to Krypton. Jews and Comic Books*, Philadelphia, The Jewish Publication Society, 2008, p. 117.

19. Citato in Cheril A. Malcolm, *Witness, Trauma, and Remembrance. Holocaust Representation and X-Men Comics*, in *The Jewish Graphic Novel. Critical Approaches*, a cura di Samanta Baskind e Ranen Omer-Sherman, New Brunswick, Rutgers University Press, 2010, pp. 144-160.

20. Cfr. Ruth McClelland-Nugent, *Wonder Woman against the Nazis: Gendering Villainy in DC Comics*, in *Monsters in the Mirror. Representations of Nazism in Post-War Popular Culture*, a cura di Sara Buttsworth e Maartje Abbenhuis, Westport, Praeger, 2010, pp. 131-153; Marco Behringer, *Der Holocaust in Sprechblasen. Erinnerung im Comic*, Marburg, Tectum Verlag, 2009, pp. 58-61.

anche se invano.[21] La seconda parte di questo antefatto è mostrata in *X-Men: First Class* (*X-Men: L'inizio*, Matthew Vaughn, 2011). Lo strano potere desta l'interesse di uno scienziato nazista, il dottor Schmidt, che ordina a Magneto di ripetere l'esperimento con una moneta del Reich, sotto minaccia di uccidergli la madre. Il ragazzo fallisce, ma quando sparano alla madre sotto i suoi occhi il suo potere magnetico si manifesta di nuovo con la violenza di un *poltergeist*, distruggendo il laboratorio, uccidendo le guardie naziste, e rivelando definitivamente il nesso tra magnetismo, trauma e desiderio di vendetta. Proprio come non riusciva ad accettare l'allontanamento dal padre e dalla madre, così Magneto non vuole sganciarsi dal proprio passato, a cui è calamitato fino a farne il nucleo della propria identità. In *X-Men: First Class* il telepata Xavier accede al «lato luminoso» della memoria di Magneto, bloccato dai ricordi traumatici, e comprende che l'origine dei suoi superpoteri è anche il supremo pericolo da cui deve difendersi. Lo esorta a trovare quel «punto di equilibrio tra la rabbia e la serenità» che gli consenta di riconvertire il suo risentimento in una forza costruttiva. E questa pedagogia della memoria, in cui qualcuno potrà avvertire una nota di paternalismo, echeggia le molte voci che negli ultimi anni, anche in Israele, hanno invitato a scindere il nesso troppo rigido tra lutto e identità, tra ebraismo e Auschwitz.

Questo nesso, che fonda tutta la mitologia di Magneto, trova la formulazione più precisa proprio nelle parole del supereroe, dove la gelosia del sopravvissuto per il suo segreto indicibile si sposa alle «fantasie di testimonianza» della seconda e terza generazione (*X-Men*, n.3, dicembre 1991):

> La mia vita è stata formata da forze ed eventi che nessuno di voi può comprendere. Voi parlate al meglio che c'è nell'umanità, io ho sopportato il peggio. Voi immaginate la realtà dell'Olocausto, dei campi della morte nazisti. Io sono cresciuto in uno di essi. Forse, come voi dite, sono davvero contaminato dal sangue e dalla rabbia – e dalla morte. Ma forse è altrettanto vero che il sangue e la rabbia e la morte formano l'armatura che sosterrà me e quelli che staranno accanto a me attraverso le prove che verranno.

L'armatura formata dal sangue, dalla rabbia e dalla morte: sembra di riascoltare, trent'anni dopo, le parole di Ka-Tzetnik al processo Eichmann.

21. Sul debito di *X-Men* verso *Schindler's List* cfr. Hanno Loewy, *Der Überlebende als böser Held. X-Men, Comic-Culture und Auschwitz-Fantasy*, in *Narrative der Shoah: Repräsentationen der Vergangenheit in Historiographie, Kunst und Politik*, a cura di Susanne Düwell e Matthias Schmidt, Paderborn, F. Schöningh, 2002, pp. 171-187.

Indice dei nomi

Le autrici e gli autori

Stefano Apostolo è ricercatore di Letteratura tedesca presso l'Università degli Studi di Milano. Ha conseguito il Dottorato di ricerca (Milano/Vienna) con l'analisi filologica del romanzo inedito di Thomas Bernhard *Schwarzach St. Veit* (Korrektur Verlag, 2019). I suoi principali ambiti di ricerca riguardano la letteratura di lingua tedesca dal secondo Novecento fino a oggi (con particolare attenzione per l'area austriaca), la filologia del testo, le neoavanguardie letterarie, la letteratura di viaggio.

Damiano Garofalo insegna Storia del cinema alla Sapienza Università di Roma. Storico dei media, si è occupato dei rapporti tra cinema e storia, della storia sociale della televisione italiana, delle relazioni storiche tra cultura e industria cinematografica internazionale. Il suo ultimo libro, *C'era una volta in America. Storia del cinema italiano negli Stati Uniti* (Rubbettino, 2023) sta per essere tradotto in inglese da Palgrave Macmillan.

Claudia Gina Hassan insegna Sociologia dei processi culturali e comunicativi all'Università di Roma Tor Vergata. È co-direttrice della rivista «Trauma and Memory, European Review of Psycoanalisis and Social Science». È direttrice del Master di II livello su Holocaust and Memory Studies dell'Università di Tor Vergata. Si occupa di sociologia della memoria e del rapporto tra rete e democrazia. Tra le sue pubblicazioni: *Rete e Democrazia. Politica, informazione e istruzione* (Marsilio, 2010), *Hurban. Shoah e rappresentazioni sociali* (LibriLiberi, 2018) e con Cesare Pinelli *Disinformazione e democrazia. populismo, rete e regolazione* (Marsilio, 2022)

Alessandro Izzi è co-direttore del progetto Close-up di Roma ed è autore di teatro, narrativa e saggistica. Per il teatro ha scritto *La valigia dei destini incrociati, Zingari Lager, Una divisa, Solo di passaggio, Cantata dei giorni infami.* Nel 2018 ha vinto il Premio Carver per *Le strategie dell'oblio* (Universitalia, 2017), saggio sulla Shoah nel cinema italiano. Tra le sue pubblicazioni: *Il respiro delle onde* (Helicon, 2015), *Come seme sotto raffiche d'inverno* (Giovane Holden Edizioni, 2016), *L'attesa della notte* (Giovane Holden Edizioni, 2018), *Trittico del dilemma* (Chi Più Ne Art Edizioni, 2019), *Requiem dal buio e dal frastuono* (Giovane Holden Edizioni, 2020).

Andrea Minuz insegna Storia del cinema e Analisi della sceneggiatura presso la Sapienza Università di Roma. Ha scritto saggi e articoli pubblicati su riviste italiane e internazionali e varie monografie tra cui *Political Fellini. Journey to the end of Italy* (Berghahn Books, 2018) e *Steven Spielberg* (Marsilio, 2019). Il suo ultimo libro è *C'eravamo tanto odiati. Breve storia dell'antiberlusconismo* (il Mulino, 2024). Collabora con il quotidiano «Il Foglio».

Ivelise Perniola insegna Storia del Cinema e Cinematografia documentaria presso l'Università degli Studi Roma Tre. È co-direttrice dal 2018 della rivista «Agalma. Rivista di studi culturali». Ha pubblicato le seguenti monografie: *Oltre il Neorealismo-Documentari d'autore e realtà italiana del dopoguerra* (Bulzoni Editore, 2004), *L'immagine spezzata. Il cinema di Claude Lanzmann* (Kaplan, 2007), *Chris Marker o del film-saggio* (Edizioni Lindau, 2011), *L'era postdocumentaria* (Mimesis Edizioni, 2014), *Gillo Pontecorvo o del cinema necessario* (ETS, 2016), *Godard. Fino all'ultimo respiro* (Carocci, 2022). È di recente pubblicazione una sua curatela sul cinema di François Truffaut (Marsilio, 2024). Ha pubblicato numerosi saggi sul cinema documentario italiano e internazionale.

Ariel Schweitzer è storico del cinema, critico cinematografico della rivista francese «Les Cahiers du cinema» e professore (Paris VIII / Tel-Aviv University). Ha scritto *Le cinéma israélien de la modernité* (L'Harmattan,1997), *Le nouveau cinema israélien* (Editions Yellow Now, 2013) e ha curato con Maurizio G. De Bonis e Giovanni Spagnoletti *Il cinema israeliano contemporaneo* (Marsilio, 2009).

Giovanni Spagnoletti ha insegnato Germanistica e Storia e critica del cinema prima alla Sapienza Università di Roma e poi all'Università di Roma Tor Vergata. È autore e/o curatore di più di un centinaio di pubblicazioni. Dal 2000 al 2014 è stato direttore artistico della Mostra Internazionale del Nuovo Cinema di Pesaro ed è stato presidente dell'Afic (Associazione festival italiani di cinema). Dirige la rivista di studi cinematografici «Close-up» (1997-2015) e il magazine su Internet «Close-up». Ha vinto il Premio Filippo Sacchi (1993 e 1996) e nel 2019 il Premio internazionale Reinhold Schünzel (Amburgo) per i suoi studi sul cinema tedesco.

Guido Vitiello è professore associato nel settore disciplinare L-Art/06 (Cinema, fotografia e televisione) presso il dipartimento Coris (Comunicazione e ricerca sociale), Sapienza Università di Roma. È attualmente titolare di due insegnamenti: Teoria e storia del linguaggio cinematografico e Cinema e cultura visuale. Ha scritto, tra le altre cose, *Una visita al Bates Motel* (Adelphi, 2019) e *Il testimone immaginario. Auschwitz, il cinema e la cultura pop* (Ipermedium libri, 2011).

Finito di stampare
nel mese di febbraio 2025
da The Factory
Roma